誰でも
言語学
だれ
げん ご がく

牧 秀樹 [著]

開拓社

まえがき

　この本は、小学生から大学生、さらには、家を守る方から退職した方まで、言葉に興味がある方にもない方にも、なるべく分かりやすい言葉で、言葉に関係する面白い事実や不思議な性質をお伝えするものです。誰にとってもとっつきやすいという意味で、『誰でも言語学』という名前にしました。24章からなりますが、どの章から読んでも、すっと入っていけるように、簡単に書かれています。この本は、主に、「が」、「の」、「を」、「は」、「S」、「誰」、「何」のような小さい言葉の不思議な行動を追っていきます。

　この本の構成は、こんな形です。1章から3章は、日本語の文の基本的な形の話。「を」について少し触れています。4章から12章までは、アジアの言語の「が」と「の」の話。13章は、英語と日本語の「S」の話。14章は、紫式部の「が」と「の」の話。15章から17章は、世界の言語の語順の話。18章から20章は、世界の言語の「誰」や「何」の話。21章は、日本語の「は」の話。22章は、脳と言葉の話。23章は、人間の移動と「の」の話。そして、24章は、言語学って何という話です。

　気楽に楽しんでいただき、ご友人やご家族に、物知り顔で話していただければ、さいわいです。「ねえねえ、こんなの知ってる？」

　この本を書くにあたって、以下の皆様からいろいろ助けていただきました。心より、感謝します。

　市橋朋美氏、伊藤尚武氏、イリチ氏、呉文亮氏、内堀朝子氏、ドナル・P. オボイル（Dónall P. Ó Baoill）氏、高永新氏、フェレシュテフ・ジアミ・シャマミ（Fereshteh Ghiami Shamami）氏、ショロン氏、メイサム・タヘリ（Meisam Taheri）氏、靳暁雨氏、金銀姫氏、中村千衛氏、カトリーナ・ニーウイール（Caitríona Ní Bhaoill）氏、包麗娜氏、ハサン・バスリ（Hasan Basri）氏、范凌云氏、アマヌラ・ブット（Amanullah Bhutt）氏、

ナシマ・ベグム・ポリー（Nasima Begum Poly）氏、马雯氏、スィクダル・モノアレ・マーシェッド（Sikder Monoare Murshed）氏、前田雅子氏、牧セイン氏、牧直子氏、牧レオナ氏、山田充代氏、横山悟氏、王燦氏、私の授業に参加してくれた学生のみんな、そして、私の研究室に所属している学生のみんな。

2019 年 3 月

牧　秀樹

世界地図

　この本に出てくる言葉の場所

アイルランド、アメリカ、イギリス（連合王国）、イラン、インドネシアセラヤ島、（内）モンゴル、韓国、中国、中国吉林省、長崎、日本、パキスタン、バングラデシュ

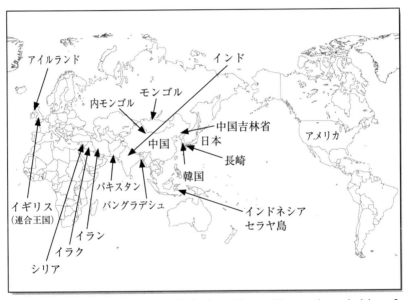

無料白地図：ちびむすドリル小学生（http://happylilac.net/sy-sekaitizu-s3.html）

文　字

　この本に出てくる言葉で、私の名前「まきひでき／牧秀樹」を書いてみたら、こうなりました。

1. モンゴル語（縦書き、上から下へ）Maki Hideki

   ᠮᠠᠺᠢ
   ᠾᠢᠳᠡᠺᠢ

2. ウルドゥ語（横書き、右から左へ）ikaM ikediH

   ہدیکی ماکی

3. ベンガル語（横書き、左から右へ）Hideki Maki

   হিদেকি মাকি

4. 韓国語（横書き、左から右へ）Maki Hideki

   마키 히데키

5. 中国語（横書き、左から右へ）Maki Hideki

   牧秀树（発音：mù xiù shù）

6. ペルシア語（横書き、右から左へ）ikaM ikediH

   هیدِکی ماکی

v

目次

まえがき …………………………………………………………………… ii
世界地図 …………………………………………………………………… iv
文　字 ……………………………………………………………………… v

1章　日本語の「を」の話 ………………………………………… 1
　　　デカルトにならって、すべてを疑（うたが）ってみよう。

2章　文の種類の話 ………………………………………………… 5
　　　文の種類は、3つだけ。

3章　天智天皇（てんじてんのう）の日本語の「を」とモンゴル語の「を」の話 ‥ 18
　　　日本語とモンゴル語は、親戚（しんせき）。

4章　日本語の「が」と「の」の話 ……………………………… 23
　　　「の」のサポーターは、名詞（めいし）。

5章　九州の日本語の「が」と「の」の話 ……………………… 26
　　　九州の「の」は、自由人。

6章　モンゴル語の「が」と「の」の話 ………………………… 32
　　　モンゴルの「の」は、日本の「の」より、自由人。

7章　ウルドゥ語の「が」と「の」の話 ………………………… 44
　　　パキスタンの「の」は、好き嫌（きら）いがある。

8章　ベンガル語の「が」と「の」の話 ………………………… 50
　　　バングラデシュの「の」は、好き嫌いがない。

9章　韓国語の「が」と「の」の話 ………… 54
韓国の「の」は、行方不明。

10章　延辺語の「が」と「の」の話 ………… 61
韓国の親戚の「の」は、元気。

11章　中国語の「の」の話 ………… 68
中国の「の」は、人によって元気。

12章　古代中国語の「の」の話 ………… 78
中国語は、日本語の先輩。

13章　英語のSの話 ………… 87
「私とあなた」と「それ以外」。

14章　『源氏物語』の日本語の話 ………… 92
紫式部は、規則好き。

15章　語順の話：日本語と英語 ………… 100
日本語と英語は、アジの開きの関係。

16章　語順の話：アイルランド語 ………… 111
アイルランド語は、動詞が一番。

17章　語順の話：セラヤリーズ語 ………… 120
セラヤリーズ語も、動詞が一番。でも、癖がすごい。

18章　アイルランド語の「何」の話 ………… 130
アイルランド語は、こきざみに動く。

19章　セラヤリーズ語の「何」の話 ………… 139
セラヤリーズ語も、こきざみに動く。

20章　英語の「誰」の話 ………………………………… 145
　　　英語も、こきざみに動く。

21章　日本語の「は」の話 ……………………………… 152
　　　「は」は、環境に敏感な方。

22章　脳の中の話 ………………………………………… 159
　　　脳は、いつも全力じゃない。

23章　人の移動と「の」主語 …………………………… 166
　　　パキスタンで何が起きたの？

24章　言語学に触れると ………………………………… 175
　　　教わっていないのに知っていることがある。

主要参考文献 ………………………………………………… 180
索　引 ……………………………………………………… 182

1章　日本語の「を」の話

言いたいこと：**デカルトにならって、すべてを疑(うたが)ってみよう。**

　17世紀、フランスに、ルネ・デカルト（1596年-1650年）という哲学者(てつがくしゃ)がいました。デカルトは、本当のことを知るために、知っていると思っていることも、すべて、一度、疑ってみようという人物でした。デカルトは、全く、日本を知らなかったかもしれませんが、日本語の「を」という助詞(じょし)を調査すると、ああ、やっぱり、デカルトのように、すべてを疑ってみるのも、悪くはないなと感じると思います。

　小学校2年生国語下(げ)で、「主語」と「述語」について、初めて習います。主語は、文の中で「何が」に当たる言葉で、述語は、その「何が」に関して、「どうした」に当たる言葉です。具体的には、(1)の例で、

　(1)　朝顔が　咲(さ)いた。

「朝顔が」が主語で、「咲いた」が述語です。

　続いて、小学校4年生国語下で、「修飾語(しゅうしょくご)」について、初めて習います。修飾語とは、(2)のような言葉です。

　(2)　文の中で他の言葉をくわしく説明する働きをする言葉を修飾語と言う。

具体的には、(3)の例で、

(3) 朝顔が ついに 咲いた。

「ついに」が、修飾語です。「ついに」は、文の中で、他の言葉、つまり、「咲いた」をくわしく説明する働きを持っているので、修飾語と言えます。では、(3) の文から、「ついに」を取り除いたら、文は、どうなるでしょうか？ もちろん、(1) のようになって、しかも、完璧な文です。そうなると、修飾語というのは、あってもなくてもいいような言葉だと考えてもよさそうです。それでは、あってもなくてもいい言葉は、（　）の中に入れると取り決めると、(4) のように表すことができます。

(4) 朝顔が （ついに） 咲いた。

(4) は、実は、二つの文をまとめて書いています。つまり、「朝顔が 咲いた。」と「朝顔が ついに 咲いた」の二つです。どちらの文も、正しい文です。

さて、4年生では、(5) のような文も習います。

(5) たけし君が 朝顔を 咲かせた。

(5) では、「たけし君が」が主語で、「咲かせた」が述語です。では、「朝顔を」は、何でしょうか？ すでに「たけし君が」が主語で、「咲かせた」が述語なので、一つの文に、主語や述語が二つ以上あるとは、考えにくいので、最後の手段として、修飾語であると習います。

でも、ちょっと待ってください。修飾語というのは、(4) で見たように、あってもなくてもいい言葉なのだから、（　）の中に入れて、(6) のように表せるということになりますね。

(6) たけし君が （朝顔を） 咲かせた。

そうすると、(6) は、「たけし君が 朝顔を 咲かせた。」と、「たけし君が 咲かせた。」が、ともに、日本語として、正しい文であるということ

を意味することになります。

　ここで、ふと我に返ってみると、「たけし君が　朝顔を　咲かせた。」という文には、何も日本語としてのおかしさを感じませんが、「たけし君が　咲かせた。」という文を聞くと、どうしても、聞き返したくなりますよね。「え、何を？」と。ここで比べて欲しいのは、(4)で、「朝顔が　咲いた。」という文を聞いた時に、何かわざわざ聞き返す必要を、心の底から、感じるかということです。何か、文として、足りなさを感じるかと言えば、それほどでもありません。

　そうなると、「を」が付いている「もの」は、修飾語と考えない方が無難です。あってもなくてもいいような要素ではなくて、どうも、必ずなければならないものだと感じられます。そこで、そのような、まるで、主語のように、必要だと感じるものを、目的語と言い、(5)では、「朝顔を」を、この文の目的語と考える方が、修飾語と考えるより、無難だと言えます。

　デカルトに従って、国語の教科書まで疑ってみました。それは、ひょっとすると、教科書の本当の目的かもしれませんね。「油断していると、引っかかるよ。」という。

　さて、「を」が付いた、必ず必要だと感じられるものを、目的語であると言いましたが、本当に、そうであるか、別の例でも試してみましょう。(7)の例を考えてみましょう。

　　(7)　たけし君が　昨日　おしゃれな　くつを　買った。

(7)において、主語は、「たけし君が」、そして、述語は、「買った」です。ですから、必ず、これらの要素は、必要な要素です。では、その他の要素が、本当に必要かどうか、考えてみましょう。その他の要素は、「昨日」、「おしゃれな」、そして、「くつを」です。まず、「昨日」は、必要かどうか。あってもなくても、違和感がないので、(8)のように、（　）の中に入れても構わないと考えられます。

(8)　たけし君が（昨日）おしゃれな　くつを　買った。

では、「おしゃれな」はどうか。これも、あってもなくても、違和感がないので、(9)のように、（　）の中に入れても構わないと思います。

　(9)　たけし君が（昨日）（おしゃれな）くつを　買った。

では、「くつを」はどうか。国語の教科書に従えば、「くつを」は、修飾語であるので、あってもなくてもいい要素となります。本当にそうかどうか、(10)で見てみます。

　(10)　たけし君が（昨日）（おしゃれな）（くつを）　買った。

(10)は、(11)の文が、日本語として、正しいことを意味しています。

　(11)　たけし君が　買った。

(11)を聞いたら、必ず、「何を」と聞き返したくなりますね。ですから、「くつを」は、必ずなければならない要素だということになり、上で述べたように、「を」が付いた、必ず必要だと感じられるものを、目的語であると言うという考え方からすると、「くつを」は、修飾語ではなく、目的語であるということになります。

2章　文の種類の話

言いたいこと：**文の種類は、3つだけ。**

　前章では、目的語や修飾語という用語が出てきました。これらは、一つの文を作る材料です。しかし、前章では、文の種類について、全く、言っていませんでした。この章では、人間の言語の文の種類についてお話しします。
　大雑把に、大袈裟に言うと、世界中の人間が話す言語においては、文の種類は、3種類しかありません。そして、すべての言語が、この3種類の文を持っています。では、その3種類とは、何でしょうか？　以下に示します。

(1)　単文

(2)　埋め込み文

(3)　付け足し文

これだけです。
　以下に、それぞれの例を見ていきます。まず、単文から。単文は、(4)-(6) に示すように、動詞、あるいは、述語が、一つだけの文です。

(4)　せいこさんが、泣いた。

(5) せいこさんが、なぎささんを褒めた。

(6) せいこさんが、なぎささんに、手紙を送った。

(4)では、動詞は、「泣いた」、(5)では、「褒めた」、そして、(6)では、「送った」です。(4)-(6)においては、明らかに、それぞれ、一つしか動詞がありません。このような文を単文と言います。そして、その単文に使われる動詞には、3種類しかありません。その3種類をどうやって見分けるかというと、動詞以外をすべて取り除き、その動詞に「んだって」を付けて、聞いた時に、何が足りないかを考えながら、見分けます。では、(7)-(9)に、(4)-(6)の動詞+「んだって」を示します。

(7) [泣いた] んだって。

(8) [褒めた] んだって。

(9) [送った] んだって。

まず、(7)から考えます。「泣いたんだって」と、聞いたら、必ず、「えっ、誰が？」と聞くはずです。この時、「えっ、誰を？」とは、絶対に聞きません。このように、「が」以外に、絶対に必要となるものが、一つもない場合、そのような動詞を、「自動詞」と言います。

次に、(8)を考えてみましょう。「褒めたんだって」と、聞いたら、どうでしょう。「えっ、誰が？」とは、聞かないと思います。あるいは、「えっ、誰を？」とも、聞かないと思います。何かが足りない気がするからです。この場合は、おそらく、「えっ、誰が、誰を？」と聞くはずです。このように、「が」以外に、「を」が必ず必要になる動詞を、「他動詞」と言います。そして、この「を」を伴う名詞を、その動詞の目的語と言います。これは、前章で見たことです。

最後に、(9)を考えてみましょう。「送ったんだって」と、聞いたら、どうでしょう。「えっ、誰が？」とは、聞かないと思います。「えっ、何

を？」とも、聞かないと思います。さらには、「えっ、誰が、何を？」とも、聞かないと思います。やはり、何かが足りない気がするからです。この場合は、おそらく、「えっ、誰が、誰に、何を？」と聞くはずです。このように、「が」以外に、「を」と「に」が必ず必要になる動詞を、「目的語二つ他動詞」と言います。(8) の例で、「を」を伴う名詞を、その動詞の目的語と言いました。(9) の例では、「に」を伴う名詞も、その動詞の目的語なので、区別するために、「を」目的語を、直接目的語、「に」目的語を、間接目的語と言います。そして、「送った」は、「に目的語」と「を目的語」を必要とする、「目的語二つ他動詞」ということになります。世界中の言語を見てみると、すべての言語は、これら3つの種類があります。そして、「送った」のような「目的語二つ他動詞」は、あまりありません。すぐに頭に浮かぶのは、「あげた」、「見せた」、「渡した」のようなもので、他の2種類の動詞ほど、たくさん、ありません。

　この3種類の動詞を、目的語の数によって言い換えることもできます。自動詞は、目的語を一つも持つことができないので、目的語0動詞、「を」だけ必要な他動詞は、目的語1動詞、そして、「に」と「を」をともに必要とする他動詞は、目的語2動詞と言えます。用語をまとめると、(10) のようになります。

(10)　人間言語の動詞の種類
　　a.　自動詞　　　　　　目的語0動詞　　例：泣く、咲く、消える
　　b.　他動詞　　　　　　目的語1動詞　　例：褒める、食べる、読む
　　c.　目的語二つ他動詞　目的語2動詞　　例：送る、あげる、見せる

　ただし、すべての日本語の動詞が、「を」を基準に (10) のようにきれいに区別されるというわけではありません。例外的なものが2つあります。なぜそのようになっているか、適切に説明できないので、現時点では、例外と呼びます。例外第一は、(11) のような場合です。

(11) 自動詞なのに、「を」を取るものがある。

「歩く」、「走る」、「泳ぐ」、「飛ぶ」などの自動詞は、場所の「を」を取ることがあります。例えば、(12)-(15) の例です。

(12) せいこさんは、今日、街を歩いた。

(13) なぎささんは、今日、運動場を走った。

(14) いるかが、海を泳いでいる。

(15) UFO が、空を飛んでいる。

これらの動詞の前には、場所を示す「を」が来ます。ところが、この場所の「を」は、必ず現れなければならないというわけではないようです。(16)-(19) を見てください。

(16) せいこさんは、健康のために、毎日　歩いている。

(17) なぎささんは、健康のために、毎日　走っている。

(18) たけし君は、健康のために、毎日　プールで　泳いでいる。

(19) この辺りでは、UFO が　毎日　飛んでいる。

これらの文には、場所を示す「を」がありません。そして、それがなくても、日本語として正しい文です。というわけで、これらの動詞は、自動詞ですが、場合によって、目的語の「を」ではなく、場所の「を」を取っていると考えていいと思います。

続いて、例外第二は、(20) のような場合です。

(20) 他動詞なのに、「を」を取らないもの。

「乗る」や「登る」などの動詞は、他動詞のように振る舞うのに、「を」目

的語以外のものを取ります。例えば、(21) と (22) の例です。

(21) せいこさんは、今日、馬に乗った。

(22) なぎささんは、今日、山に登った。

これらの例では、「を」の代わりに「に」が出ています。「んだって」テストをしてみれば、「に」の部分が、絶対に必要なものであることがわかります。「乗ったんだって。」と、聞いたら、「えっ、誰が？」とは、聞かないと思います。何かが足りない気がするからです。この場合は、「えっ、誰が、何に？」と聞くはずです。このように、「乗る」という動詞は、「が」以外に、「に」が必要になります。同じように、「登ったんだって。」と、聞いたら、「えっ、誰が？」とは、聞かないと思います。何かが足りない気がするからです。この場合も、「えっ、誰が、何に？」とか、「えっ、誰が、どこに？」と聞くはずです。このように、「登る」という動詞も、「が」以外に、「に」が必要になります。ということで、「乗る」や「登る」などの動詞は、「に」目的語を取る他動詞と言っていいと思います。

おもしろいことに、「乗る」は、モンゴル語や韓国語では、「を乗る」としか言えないようです。というわけで、言語によって、「に」と「を」の選択は、数少ない動詞の間で、差があるようです。

では、次に、埋め込み文を見てみましょう。埋め込み文とは、その文自体が、動詞によって、必ず必要とされている場合、その動詞を含む単文に埋め込まれているという意味で、埋め込み文と言います。具体例として、(23) を見てみましょう。

(23) たけし君は、[せいこさんが、なぎささんを褒めたと] 思った。

「思った」という動詞は、他動詞です。なぜかというと、(23) で、[...] の部分を取り除き、その動詞に「んだって」を付けて、聞いてみると、何かが足りないことが分かるからです。(24) を見てください。

(24) [たけし君は、思った] んだって。

(24) を聞いたら、二つほど、質問ができます。(25) と (26) です。

(25) 何を？

(26) 何て？

(25) の場合は、(27) のように答えられます。

(27) 将来のことを。

「将来のこと」は、全体で名詞です。そして、「を」が付いていますから、目的語1動詞です。(26) の場合は、(28) のように答えられます。

(28) せいこさんが、なぎささんを褒めたって。

この「せいこさんが、なぎささんを褒めたって」全体が、埋め込み文です。そして、必ず、「思った」という動詞にとって必要なものです。「を」は、付いていませんが、この埋め込み文は、絶対に必要なものであるので、広い意味では、「目的語」と考えられます。文と語は、大きさが異なるので、「目的文」と言ってもいいかもしれません。しかしながら、動詞「思った」が、絶対に必要な一つの文であるので、この「目的文」を目的語と考えれば、動詞「思った」は、やはり、目的語1動詞であることになります。このように、動詞は、名詞だけでなく、文を、目的語としても取ることができるものがあり、文を目的語として取る場合、その文を、埋め込み文と言います。日本語においては、埋め込み文は、「と」や「って」などの助詞で終わります。この「と」や「って」を含む文を埋め込み文と呼ぶとすると、単文とは、少しだけ、大きさが違ってきます。単文は、「と」や「って」などの助詞で終わらないので、埋め込み文より、少し小さいと言えます。

「思った」という動詞のほかにも、(29) に見られるように、「言った」という動詞も、埋め込み文を必要とします。

(29) たけし君は、[せいこさんが、なぎささんを褒めたと] 言った。

また、[...] の部分を埋め込み文と言うとすると、残りの「たけし君は、言った」の部分にも、名前があると便利なので、埋め込み文を取り込んでいるという意味で、主要部分に当たると考え、主文と言います。用語をまとめると、(30) のようになります。

(30) a.　主文　　　　　例：たけし君は、言った
　　　b.　埋め込み文　　例：せいこさんが、なぎささんを褒めたと

埋め込み文は、いつも「と」や「って」で終わるとは限りません。これ以外には、「かどうか」や「か」で終わる埋め込み文もあります。まず、(31) と (32) の例を見てください。

(31) たけし君は、[せいこさんが、なぎささんを褒めたかどうか] 覚えている。

(32) たけし君は、[せいこさんが、なぎささんを褒めたかどうか] 忘れた。

動詞「覚えている」や「忘れた」は、埋め込み文として、「かどうか」で終わる文を取っていることが分かります。面白いことに、これらの動詞は、「と」で終わる文を埋め込み文として取ることができません。以下、誤っている文の先頭に、* という印をつけます。

(33) *たけし君は、[せいこさんが、なぎささんを褒めたと] 覚えている。

(34) *たけし君は、[せいこさんが、なぎささんを褒めたと] 忘れた。

さらに面白いことに、「かどうか」で終わる文は、その後ろに、「を」を付けてもおかしくありません。

(35) たけし君は、[せいこさんが、なぎささんを褒めたかどうか]を覚えている。

(36) たけし君は、[せいこさんが、なぎささんを褒めたかどうか]を忘れた。

一方、「と」で終わる文は、その後ろに、「を」を付けると、全く誤った文になります。

(37) *たけし君は、[せいこさんが、なぎささんを褒めたと]を思った。

(38) *たけし君は、[せいこさんが、なぎささんを褒めたと]を言った。

このように、埋め込み文を取る動詞は、大きく2種類に分けられます。疑問文を取るような動詞と疑問文が取れないような動詞です。そして、埋め込み文が、疑問文であれば、その疑問文の終わりに、「を」を付けることができます。

もう一つ、「か」で終わる埋め込み文を見てみましょう。

(39) たけし君は、[せいこさんが、誰を褒めたか]覚えている。

(40) たけし君は、[せいこさんが、何を褒めたか]覚えている。

(41) たけし君は、[せいこさんが、誰を褒めたか]忘れた。

(42) たけし君は、[せいこさんが、何を褒めたか]忘れた。

埋め込み文の中に、「誰」や「何」のような疑問詞がある場合は、その埋め込み文の最後に、「か」が来ます。この場合も、埋め込み文が、疑問文であるので、その疑問文の終わりに、「を」を付けることができます。

(43) たけし君は、[せいこさんが、誰を褒めたか]を覚えている。

(44) たけし君は、[せいこさんが、何を褒めたか]を覚えている。

(45)　たけし君は、[せいこさんが、誰を褒めたか] を忘れた。

(46)　たけし君は、[せいこさんが、何を褒めたか] を忘れた。

　では、最後に、付け足し文を見てみましょう。付け足し文は、1章で見た、修飾語と同じようなものです。つまり、あってもなくてもいいものです。例えば、1章の (7) の例を見てください。(47) として示します。

(47)　たけし君が　昨日　おしゃれな　くつを　買った。

(47) では、「昨日」と「おしゃれな」が、修飾語です。「昨日」は、「買った」という動詞を修飾しています。「おしゃれな」は、「くつ」という名詞を修飾しています。修飾語は、あってもなくても困らない要素なので、いったん取り外してみます。

(48)　たけし君が　くつを　買った。

(48) は、修飾語が一つもない文です。そして、これは、日本語として、全く問題ない文です。では、付け足し文とは、何でしょうか？ それは、修飾語と同じように、あってもなくてもいい「文」です。「語」は、「昨日」のように、その中に、述語（動詞など）を含まないものです。一方、「文」は、その中に、必ず、述語（動詞など）を含みます。具体例で見てみましょう。

(49)　[お小遣いをもらったので]、たけし君は　くつを　買った。

(49) では、「ので」を含む [...] で示した部分が、付け足し文で、理由を示す付け足し文になっています。そして、「たけし君はくつを買った」の部分を、主文と言います。この部分がなく、「お小遣いをもらったので」とだけ言われたら、必ず、「それで、どうしたの？」と聞かれます。ですから、「たけし君はくつを買った」の部分は、絶対に必要な部分で、主文となっています。

続いて、(50)-(57)は、どうでしょうか？

(50) [お小遣(こづか)いをもらった後で]、たけし君は　くつを　買った。

(51) [お小遣いをもらう前に]、たけし君は　くつを　買った。

(52) [お小遣いをもらった時に]、たけし君は　くつを　買った。

(53) [お小遣いをもらうとすぐに]、たけし君は　くつを　買った。

(54) [お小遣いをもらうやいなや]、たけし君は　くつを　買った。

(55) [お小遣いをもらうまで]、たけし君は　くつを　買わなかった。

(56) [きよし君が来るまでに]、たけし君は　くつを　買った。

(57) [きよし君と相談しながら]、たけし君は　くつを　買った。

(50)-(57)では、[...]で示した部分が、付け足し文で、時間を示す付け足し文になっています。

次に、(58)-(61)を見てみましょう。

(58) [お小遣いをもらったら]、たけし君は　くつを　買う。

(59) [お小遣いをもらえば]、たけし君は　くつを　買う。

(60) [お小遣いをもらっても]、たけし君は　くつを　買わない。

(61) [きよし君が来た場合]、たけし君は　悩(なや)む。

(58)-(61)でも、[...]で示した部分が、付け足し文で、「仮(かり)の話」や「仮定(かてい)の話」を示す付け足し文になっています。

続いて、(62)を見てみましょう。

(62) たけし君は、[きよし君が買ったよりも]、たくさん　くつを

買った。

(62) でも、[...] で示した部分が、付け足し文で、比較を示す付け足し文になっています。

最後に、少し形が違う例を見てみましょう。

(63) たけし君は、[きよし君が選んでくれた] くつを 買った。

(63) では、[...] で示した部分が、これまでの例と異なり、名詞の「くつ」を修飾しています。大切な点は、この [...] の部分は、あってもなくてもいい部分です。したがって、この部分も、付け足し文と言います。これまで見てきた例は、すべて、付け足し文が、次に来る主文全体（あるいは、その中の述語）を修飾していましたが、(63) は、[...] の付け足し文が、名詞を修飾しています。このような付け足し文には、特別に、名前を付け、名詞「くつ」に関係する文であるので、関係文、あるいは、関係節と言います。以下では、一貫して、関係節と呼びます。関係節は、名詞があれば、付け足すことができます。(64)-(67) を見てください。

(64) [きよし君をよく知っている] 人が、くつを 買った。

(65) [きよし君をよく知っている] 人が、[きよし君が選んでくれた] くつを 買った。

(66) [きよし君をよく知っている] 人が、[きよし君が選んでくれた] くつを [きよし君が働いている] 店で 買った。

(67) [きよし君をよく知っている] 人が、[きよし君が選んでくれた] くつを [きよし君が働いている] 店で [きよし君が働いている] 日に 買った。

(64) では、[きよし君をよく知っている] という関係節が、主語の「人」に付け足されています。(65) では、それに加えて、[きよし君が選んでく

れた] という関係節が、目的語の「くつ」に付け足されています。(66) では、それに加えて、[きよし君が働いている] という関係節が、場所の名詞「店」に付け足されています。そして、(67) では、それに加えて、[きよし君が働いている] という関係節が、時間の名詞「日」に付け足されています。

　以上のように、大雑把に言うと、世界中の人間が話す言語においては、文の種類は、単文、埋め込み文、付け足し文の3種類しかありません。世界の言語は、一見すると、それぞれ、全く異なるように見えますが、結局、みな、同じ3種類の骨組みを使っているだけです。ですから、例えば、日本語と英語、英語とモンゴル語、モンゴル語と日本語が、それぞれ、翻訳できるというわけです。もし同じ3種類の骨組みを使っていなかったら、お互いの言語を翻訳するのは、ほぼ不可能であるはずです。

　人間言語に、たった3種類の骨組みしかないことが分かりましたが、実は、これだけあれば、もう、人間の考えを示すには、十分だということも、お知らせします。まず、単文だけでも、その動詞の数があれば、かなりの数の文を作り出すことができます。さらに、埋め込み文のおかげで、その数は、飛躍的に伸びます。次の例を見てください。少し複雑ですが、日本語として、よく考えてみれば、どれも、正しい文です。

(68)　せいこさんが、なぎささんを褒めた。

(69)　たけし君が、[せいこさんが、なぎささんを褒めたと] 言った。

(70)　きよし君が、[たけし君が、[せいこさんが、なぎささんを褒めたと] 言ったと] 言った。

(71)　みきこさんが、[きよし君が、[たけし君が、[せいこさんが、なぎささんを褒めたと] 言ったと] 言ったと] 言った。

このように、埋め込み文を使えば、文は、無限に作ることができます。

(71)は、(72)のように言えば、より自然に聞こえます。

(72) ［せいこさんが、なぎささんを褒(ほ)めたと］［たけし君が、言ったと］［きよし君が、言ったと］みきこさんが、言った。

このように、人間言語は、少ない装置(そうち)を使って、無限(むげん)の文を生み出すという性質(せいしつ)を持っています。そして、それが、どの言語においてもそうであるので、これが、人間の性質だと言うことができます。

③章　天智天皇の日本語の「を」とモンゴル語の「を」の話

言いたいこと：**日本語とモンゴル語は、親戚。**

　日本の大相撲の力士には、モンゴル出身者がたくさんいます。そして、その日の勝負に勝って、インタビューを受けると、その日本語は、とても自然でなめらかです。というのも、モンゴル語も日本語も、アルタイ語に分類され、語順も、主語-目的語-動詞となっていて、極めて似ているからです。例えば、(1) の例を見ると、

(1)　Baγatur　　Ulaγan-i　　　maγtajai.　　　（ローマ字で書いた場合）
　　　バートル　　ウラーニ　　　マッグテジェ　（カタカナで書いた場合）
　　　バートル　　ウラーン-を　褒めた　　　　（各単語の意味）
　　　'バートルがウラーンを褒めた。'　　　　　（文全体の意味）

主語「バートル」、目的語「ウラーン」、そして、動詞「褒めた」となっていて、日本語と同じです。少し違う点は、主語に、「が」がない点です。
　ところが、一点、「を」に関して、モンゴル語と日本語が、全く異なっている点があります。(2) の例を見てみましょう。

(2)　Öčügedür　　Ulaγan-i　　　surγaγuli-du　　iregsen
　　　オチュゲドル　ウラーニ　　　ソルグールーデ　イルセン
　　　昨日　　　　ウラーン-を　　学校-に　　　　来た

```
učirača,        bügüdeger    bayarlajai.
オチラース    ブグデール    バヤルラジェ
ので           みんなが     喜んだ。
```
'昨日ウラーンが学校に来たので、みんなが喜んだ。'

(2) の重要な点は、モンゴル語では、「ウラーンを学校に来たので」という具合に、理由を示す文の主語が、「ウラーンを」のように、「を」を伴っていることです。日本語では、(3) に示す文は、誤りで、(4) のように言わなければなりません。

(3) *昨日たけし君を学校に来たので、みんなが喜んだ。

(4) 昨日たけし君が学校に来たので、みんなが喜んだ。

そうなると、日本語とモンゴル語は、本当に、似ている言語なのか、少し疑問が出てきます。ところが、昔の日本語、これを、古語と言いますが、古語を調査してみると、日本語とモンゴル語の「を」は、同じような性質を持っていたことが分かってきます。

小倉百人一首というカルタのようなものがあります。藤原定家（1162年-1241年）という人が、100人の歌人の優れた和歌を一首ずつ選びまとめ上げた歌集です。その中に、第38代天皇である天智天皇（626年-671年）の歌だとされている一首があります。(5) を見てください。

(5) 秋の田の　仮庵の庵の苫をあらみ　わが衣手は　露にぬれつつ

意味は、(6) のようです。

(6) 秋の田のほとりにある仮の小屋の、屋根を葺いた苫の編み目が粗いので、私の衣の袖は露に濡れていくばかりだ。

ここで重要なのは、「苫の編み目が粗いので」という部分です。「ので」があるので、理由を表す文になっています。古語では、「み」が「ので」とい

う意味でした。天智天皇(てんじてんのう)は、この部分を、(7) のように言っています。

 (7) 苫(とま)をあらみ

つまり、「苫をあらいので」と言っています。しかし、意味は、(8) です。

 (8) 苫があらいので

このように、理由を表す文の主語が、天智天皇(626年-671年)の時代には、「を」を伴(ともな)っていたのです。

 ほかにも、このような例を古語の中に見つけることができます。同じ小倉百人一首(おぐらひゃくにんいっしゅ)の中に、崇徳院(すとくいん)(1119年-1164年)という人の歌があります。(9) を見てください。

 (9) 瀬(せ)を早み　岩にせかるる　滝川(たきがわ)のわれても末(すえ)に　逢(あ)はむとぞ思ふ

意味は、(10) のようです。

 (10) 川の瀬の流れが速いので、岩にせき止められた急流が二つに分かれている。しかし、分かれていても、また一つになるように、愛(いと)しいあの人と今は分かれていても、いつかはきっと再会しようと思う。

ここで重要なのは、「川の瀬の流れが速いので」という部分です。「ので」があるので、理由を表す文になっています。古語では、「み」が「ので」という意味であるので、崇徳院は、この部分を、(11) のように言っています。

 (11) 瀬を早み

つまり、「川の瀬の流れを速いので」と言っています。しかし、意味は、(12) です。

 (12) 川の瀬の流れが速いので

このように、理由を表す文の主語が、崇徳院（1119年-1164年）の時代にも、「を」を伴っていたのです。

さらに、紀友則、紀貫之、凡河内躬恒、壬生忠岑による古今和歌集（912年頃完成）にも、同様の例があります。(13)を見てください。古今和歌集撰者の一人、凡河内躬恒（およそ859年-およそ925年）の歌です。

(13) 夜を寒み　置く初霜を　はらひつつ　草の枕に　あまたたび寝ぬ

意味は、(14)のようです。

(14) 夜が寒いので、降りた初霜を払いながら、草で編んだ枕で、幾夜も眠った。わびしい「旅寝」だった。

ここでも重要なのは、「夜が寒いので」という部分です。「ので」があるので、理由を表す文になっています。凡河内躬恒は、この部分を、(15)のように言っています。

(15) 夜を寒み

つまり、「夜を寒いので」と言っています。しかし、意味は、(16)です。

(16) 夜が寒いので

このように、古語においては、理由を表す文の主語が、「を」を伴っていたのです。

これは、まさに、現代モンゴル語の(2) = (17)の例と同じです。

(17) Öčügedür　　Ulaɣan-i　　surɣaɣuli-du　　iregsen
　　　オチュゲドル　ウラーニ　　ソルグールーデ　イルセン
　　　昨日　　　　ウラーン-を　学校-に　　　　来た

```
učirača,      bügüdeger   bayarlajai.
オチラース    ブグデール   バヤルラジェ
ので          みんなが     喜んだ。
```
'昨日ウラーンが学校に来たので、みんなが喜んだ。'

　前に述べたように、(17) では、理由を表す文「昨日ウラーンを学校に来たので」の主語「ウラーン」が、「を」を伴っており、古語の状況と全く同じになっているのです。

　このような、理由を表す文の主語が、「を」を伴っているという現象は、世界の言語の中でも、モンゴル語と古語以外に、あまり見当たりません。このことから、どうも、モンゴル語と日本語は、とても近い関係、つまり、親戚であったと考えてもそれほど不思議ではありません。

4章　日本語の「が」と「の」の話

言いたいこと：「の」のサポーターは、名詞。

　日本語の「が」と「の」は、時々、同じ場所に出てくることがあります。例えば、(1) と (2) のように。

(1)　授業がない日

(2)　授業のない日

ところが、いつも、「が」と「の」が、同じ場所に出てくるわけではありません。(3) と (4) を見ると、分かります。(4) は、NHK で話されている日本語では、誤った文だと考えられています。

(3)　月曜日に授業がない。

(4)　*月曜日に授業のない。

この (1)-(3) までは、正しい日本語で、(4) だけが正しくない日本語であるということは、驚くことに、小学校・中学校の教科書には、一度も出てきません。にもかかわらず、日本語母語話者なら誰でも、この事実は、当たり前のように分かっています。では、問題を「の」だけに限ってみてみると、なぜ、(2) の「の」は、正しいのに、(4) の「の」は、正しくないのでしょうか？

勘がいい方なら、すぐに気付くと思います。(2)のほうは、述語「ない」の後ろに、名詞「日」が来ているが、(4)のほうは、述語「ない」の後ろに、何も来ておらず、したがって、名詞も来ていないということに。つまり、主語の「の」をサポートしているのは、名詞であるということになります。主語の「の」のサポーターは、名詞。

では、本当にそうかどうか、名詞ではない要素を後ろにおいて、考えてみましょう。(5)-(8) を見てください。

(5) *月曜日に授業のないので、嬉しい。

(6) *月曜日に授業のなかったら、嬉しい。

(7) *月曜日に授業のないの？

(8) *月曜日に授業のないよ。

(5)-(8) の文は、すべて誤った文です。それぞれ、理由の「ので」、仮定を示す「ら」、疑問を表す助詞の「の」、呼びかけを表す助詞の「よ」が、「ない・なかった」の後ろに付けられています。これらの要素は、名詞ではないので、「授業の」が、サポートされないため、(5)-(8) の文は、予測通り、誤った文となります。ちなみに、(5)-(8) は、「の」を「が」に変えれば、すべて正しい文になります。

ところが、これまで確認してきた「主語の「の」をサポートしているのは、名詞である」という「仮説」に対して、少し困った例があります。(9)と(10)の例を見てください。

(9) [たけし君の書いた] 本

(10) *みんなが [たけし君の書いた] と言っている本

(9)では、[ ]の中の文の主語は、「たけし君の」で、[ ]の外に、名詞「本」があります。この文は、日本語として正しい文なので、「主語の「の」

をサポートしているのは、名詞である」という仮説が、正確に予測するものです。

　(10) でも、[ ] の中の文の主語は、「たけし君の」で、[ ] の外に、名詞「本」があります。ただし、(9) と比べると、少し遠くに離れています。[ ] と名詞の間に「と言っている」という語が入っているからです。さて、(10) は、日本語として、正しい文でしょうか？　一瞬、別に問題ないと思えるかもしれませんが、よく考えると、何か少しおかしいと感じます。ちなみに、「の」を「が」に変えれば、完全に正しい文になります。ここで、「主語の「の」をサポートしているのは、名詞である」という仮説から、(10) の文を考えてみると、実は、主語の「の」に対して、外側にサポーターとしての名詞があるので、この手持ちの仮説からは、(10) の文が、日本語として、完璧な文であると予測されます。しかし、これは、誤った予測です。この文が、日本語としては、少しおかしいからです。

　そうすると、ここで、立ち止まって、「主語の「の」をサポートしているのは、名詞である」という仮説を考え直す必要が出てきます。ここで取る道は、二つです。一つは、そもそも、名詞など、主語の「の」のサポーターではないと考える道。もう一つは、この仮説は、部分的に正しいが、何か、少し足りない部分があると考える道。この章では、どちらの道を歩むか言いませんが、6章で、モンゴル語と比較しながら、このことに触れます。

　この章の内容をまとめると、「が」主語と「の」主語を持つ文を比べてみた結果、「の」主語をサポートしているのは、名詞であるという仮説にたどり着きました。これは、とても面白いことです。義務教育で、そして、また、私の経験では、家庭においても、一度も、誰からも教えられていないからです。にもかかわらず、このような仮説を「知っている」ように見えます。ところが、この仮説は、一つ、反例に直面しています。今後、この仮説をどうしたらいいか、後の章で触れ、解決の糸口がつかめればと思います。

5章　九州の日本語の「が」と「の」の話

言いたいこと：**九州の「の」は、自由人。**

　前の章で、「主語の「の」をサポートしているのは、名詞である」という仮説（かせつ）を見ました。その仮説に問題点はあるものの、主語の「の」は、何かに助けられているということは、正しそうです。この章では、九州の長崎県で話されている日本語における主語の「の」について見ます。驚（おどろ）くことに、長崎県の日本語においては、「主語の「の」をサポートしているのは、名詞である」という仮説は、全く成立しません。まず、(1) の例を見てください。

　(1) a.　昨日たけし君が帰ってきたよ。
　　　b.　昨日たけし君の帰ってきたよ。

(1a, b) は、単文で、「が」主語でも、「の」主語でも、ともに、長崎日本語では、完全に正しい文です。その文の後ろに、名詞は、全く必要ありません。

　次に、(1a, b) の文が、別の文に埋（う）め込（こ）まれた場合、どうなるか見てみましょう。(2a, b) です。

　(2) a.　きよし君が、[昨日たけし君が帰ってきたって] 言ったばい。
　　　b.　きよし君が、[昨日たけし君の帰ってきたって] 言ったばい。

(2a, b) も、[ ]で囲まれた埋め込み文の主語が、「が」主語でも、「の」主語でも、ともに、長崎日本語では、完全に正しい文です。その文の後ろに、名詞は、全く必要ありません。

さらに、(3)-(5)で見るように、理由を表す文、仮定を表す文、否定的な仮定を表す文において、主語は、「が」主語でも、「の」主語でも、ともに、長崎日本語では、完全に正しい文です。

(3) a. 昨日たけし君が帰ってきたけん、みんな驚いた。
    b. 昨日たけし君の帰ってきたけん、みんな驚いた。

(4) a. 明日たけし君が帰ってきたら、みんな驚くよ。
    b. 明日たけし君の帰ってきたら、みんな驚くよ。

(5) a. 明日たけし君が帰ってきても、誰も驚かんよ。
    b. 明日たけし君の帰ってきても、誰も驚かんよ。

また、目的語が、「が」を取るような述語の場合でも、「の」目的語が可能です。(6)を見てください。

(6) a. たけし君は、英語が話せるばい。
    b. たけし君は、英語の話せるばい。

(6a, b) では、「英語」は、述語「話せる」の目的語です。この目的語は、「が」を伴うことができます。そして、(6b) に見られるように、「の」目的語となっても、長崎日本語では、完全に正しい文です。

さらに、述語の性質によって、主語が二つあるような文においても、述語に近いほうの主語は、「が」主語でも、「の」主語でも、長崎日本語では、完全に正しい文です。(7a, b) を見てください。

(7) a. 象は、鼻が長か。
    b. 象は、鼻の長か。

最後に、もちろん、文の後ろに名詞が来る例においても、「が」主語でも、「の」主語でも、長崎日本語では、完全に正しい文です。(8a, b) を見てください。

(8) a.　たけし君が帰ってきた日
　　 b.　たけし君の帰ってきた日

　以上の例を見る限り、長崎日本語では、「主語の「の」をサポートしているのは、名詞である」という仮説は、全く意味を成しません。この仮説は、必要ではありません。ほぼ、どこにでも、「が」主語があれば、「の」主語が可能です。また、「が」目的語があれば、「の」目的語が可能です。
　しかし、なぜ、長崎日本語と、NHK 日本語は、「の」の現れ方に、違いがあるのでしょうか？　とても不思議です。ところが、昔の日本語（古語）を見れば、その理由が、少し分かってきます。以下では、竹取物語や源氏物語という古典から例を拾って、古語の「の」主語の現れ方を見ていきます。
　まず、古語において、もちろん、文の後ろに名詞が来る例において、「の」主語が現れます。(9) を見てください。

(9)　人のいふこと　　　　　　　　　　　　　（竹取物語）
　　 '他人が言うこと'

(9) では、主語「人」の後ろに、名詞「こと」が出てきています。ですから、もし、「主語の「の」をサポートしているのは、名詞である」という仮説が、古語においても成り立つなら、「の」主語が、古語において現れても、全く不思議はありません。しかし、注意することがあります。古語においては、(9) のような例では、「が」主語が、全く見つかっていません。具体的には、主語が、「私」や「あなた」でないような 3 人称の時には、ほとんど、「が」主語が出てきません。以下では、分かりやすさのために、主語が、「私」や「あなた」でないような 3 人称の例に絞って見ていきます。

次に、(10) の例を見ると、「主語の「の」をサポートしているのは、名詞である」という仮説は、古語においては、長崎日本語と同じように、全く意味を成さないということが分かります。

(10) 落窪といふ者のあらば、　　　　　　　　　（落窪物語）
　　　'落窪という人がいれば、'

(10) では、主語「落窪といふ者」に「の」が伴っています。しかしながら、その文末には、仮定を表す「ば」があるだけで、名詞は、ありません。したがって、古語においては、「主語の「の」をサポートしているのは、名詞である」という仮説は、全く意味を成さないということになります。これは、まさに、長崎日本語の状態と同じです。

(11)-(13) も同様に、古語においては、「主語の「の」をサポートしているのは、名詞である」という仮説が、全く無意味であることを示しています。

(11) と、人のいへば、　　　　　　　　　　　（枕草子）
　　　'と、人が言えば、'

(12) 家の人の出で入り、　　　　　　　　　　（土佐日記）
　　　'家の人が出入りし、'

(13) この老人どものとかく申して、　　　　　（源氏物語）
　　　'この老人たちが、あれこれ言って'

(11) では、主語「人」に「の」が伴っています。しかしながら、その文末には、仮定を表す「ば」があるだけで、名詞は、ありません。(12) では、主語「人」に「の」が伴っていますが、その文末は、「出で入り」という動詞の連用形があるだけで、名詞はありません。(13) でも、主語「老人ども」に「の」が伴っていますが、その文末は、「申して」という動詞の「て」形があるだけで、名詞はありません。したがって、古語においては、

「主語の「の」をサポートしているのは、名詞である」という仮説は、全く意味を成しません。

　しかしながら、古語と長崎日本語の大きな違いが一つあります。古語では、文の述語が終止形で終わる場合、主語には、「の」が付きません。(14) と (15) の例を見てください。

(14)　たけとりの翁といふもの　ありけり。　　　　　（竹取物語）
　　　'竹取の翁という人が　いた。'

(15)　さる人　ありと　聞きたまひけむ、　　　　　　（源氏物語）
　　　'そのような人が　いると聞きましたが、'

(14) は、単文で、「ありけり」という述語の終止形で文が終わっています。この時は、主語「たけとりの翁といふもの」には、「の」が付きません。同様に、(15) では、「と」の前に、「さる人あり」という文が入っていて、その述語「あり」は、終止形です。したがって、主語「さる人」には、「の」が付きません。

　長崎日本語では、(14) と (15) に対応する文においては、「が」主語も「の」主語も完全に正しい文です。

(16)　a.　たけし君という人が　おった。
　　　b.　たけし君という人の　おった。
　　　　'たけし君という人が　いた。'

(17)　a.　そがん人が　おるって　聞いたばってん、
　　　b.　そがん人の　おるって　聞いたばってん、
　　　　'そのような人が　いると聞きましたが、'

さらに、(14) に対応する単文では、主語に「が」も「の」も付かない場合は、(18) に見られるように、完全に正しい文だとは言えません。

(18) *たけし君という人　おった。
　　‘たけし君という人が　いた。’

これらの点は、古語と長崎日本語の大きな違いです。
　ただし、(15) に対応する埋め込み文を含む文においては、(19) に見られるように、埋め込み文の主語に「が」や「の」が付かなくても、完全に正しい文です。

(19)　そがん人　おるって　聞いたばってん、
　　‘そのような人が　いると聞きましたが、’

この点は、古語と長崎日本語において、共通です。
　以上のことより、長崎日本語は、かなりの程度、古語の名残りを残している日本語だということがわかります。「の」主語の分布が、少し違うものの、ほとんど同じだからです。

6章　モンゴル語の「が」と「の」の話

言いたいこと：**モンゴルの「の」は、日本の「の」より、自由人。**

　モンゴル語も、日本語同様、「の」主語があります。まず、(1) と (2) の例を見てください。

(1)　Ulaɣan　　tere　　nom-i　　biči-jei.　　　　（ローマ字で書いた場合）
　　　ウラーン　　テレ　　ノミ　　ビチジェ　　　　（カタカナで書いた場合）
　　　ウラーンが　その　　本-を　　書い-た（終止形）　（各単語の意味）
　　　'ウラーンがその本を書いた。'　　　　　　　　（文全体の意味）

(2)　Ulaɣan-u　　biči-gsen　　　　nom
　　　ウラーネ　　ビチグセン　　　　ノム
　　　ウラーン-の　書い-た（連体形）　本
　　　'ウラーンの書いた本'

　(1) は、「ウラーンがその本を買った」という単文です。この時、文が、終止形で終わっています。その場合、文は、*jei* という過去を表す「た」の終止形で終わっています。それに対して、(2) は、「の」主語の例です。この場合、文は、名詞 *nom*「本」の前で、*gsen* という過去形を表す「た」の連体形で終わっています。もし、*gsen* の代わりに、*jei* を使うと、(3) のように、全く誤った文になります。

(3) *Ulaɣan-u   biči-jei   nom
    ウラーネ   ビチジェ   ノム
    ウラーン-の 書いーた(終止形)   本
   'ウラーンの書いた本'

また、主語は、「が」主語も可能です。

(4) Ulaɣan   biči-gsen   nom
    ウラーン   ビチグセン   ノム
    ウラーンが   書いーた(連体形)   本
   'ウラーンが書いた本'

名詞を修飾する文を関係節と言いますが、関係節の中の主語が、「が」主語でも、「の」主語でもいいという点は、日本語と全く同じです。

さて、ここで、「主語の「の」をサポートしているのは、名詞である」という「仮説」に対して、日本語で困った例があったことを思い出してください。再度、4章の(9)と(10)の例を見てみましょう。以下では、(5)と(6)として、表します。

(5) [たけし君の書いた] 本

(6) *みんなが [たけし君の書いた] と言っている 本

(5) では、[ ]の中の文の主語は、「たけし君の」で、[ ]の外に、名詞「本」があります。この文は、日本語として正しい文なので、「主語の「の」をサポートしているのは、名詞である」という仮説が、正確に予測します。(6) でも、[ ]の中の文の主語は、「たけし君の」で、[ ]の外に、名詞「本」があります。ただし、(5) と比べると、少し遠くに離れています。しかし、(6) は、日本語として、何か少しおかしい文です。そうすると、「主語の「の」をサポートしているのは、名詞である」という仮説から、(6) の文が、日本語として、完璧な文であると、誤って予測されてしま

います。これが、4章で見た問題でした。
　では、(5) と (6) に対応するモンゴル語の例を見てみましょう。(7) は、(2) と同じです。

(7)　Ulaɣan-u　　　biči-gsen　　　　nom
　　　ウラーネ　　　ビチグセン　　　　ノム
　　　ウラーン-の　　書い-た（連体形）　本
　　　'ウラーンの書いた本'

(8)　bügüdeger　[Ulaɣan-u　　biči-gsen　　　　gejü]
　　　ブグデェル　ウラーネ　　ビチグセン　　　　ゲジュ
　　　みんなが　　ウラーン-の　書い-た（連体形）　と
　　　kele-jü　　baiqu　　　　nom
　　　ヘレジュ　　バイク　　　　ノム
　　　言っ-て　　いる（連体形）　本
　　　'みんなが [ウラーンの書いた] と言っている本'

(7) は、名詞 nom「本」の前に来る関係節が、単文の例で、(8) は、名詞 nom「本」の前に来る関係節が、その単文を埋め込み文として含んでいる例です。驚くことに、なんと、日本語と違って、モンゴル語では、(8) のような例は、完全に正しい文です。

　では、日本語とモンゴル語では、いったい何が異なっているでしょうか？ それを突き止めるために、(8) の例をいろいろ変えながら、考えてみましょう。まず、(8) は、埋め込まれた文の主語が、「が」主語であっても、正しい文です。

(9)　bügüdeger　[Ulaɣan　　biči-gsen　　　　gejü]
　　　ブグデジェル　ウラーン　　ビチグセン　　　　ゲジュ
　　　みんなが　　ウラーンが　書い-た（連体形）　と

6章 モンゴル語の「が」と「の」の話　35

```
           kele-jü    baiqu          nom
           ヘレジュ    バイク         ノム
           言っ-て    いる(連体形)   本
      'みんなが [ウラーンが書いた] と言っている本'
```

さらに、(9)の埋め込み文の動詞を、終止形に変えても、正しい文です。

```
(10) bügüdeger      [Ulaɣan       biči-jei          gejü]
     ブグデジェル    ウラーン       ビシジェ          グチ
     みんなが        ウラーンが     書い-た(終止形)   と
     kele-jü    baiqu          nom
     ヘレジュ    バイク         ノム
     言っ-て    いる(連体形)   本
     'みんなが [ウラーンが書いた] と言っている本'
```

ところが、(10)の埋め込み文の主語を、「の」主語にすると、途端に、その文は、モンゴル語として、正しくない文になります。

```
(11) *bügüdeger     [Ulaɣan-u     biči-jei          gejü]
      ブグデジェル   ウラーネ       ビチジェ          グチ
      みんなが       ウラーンの     書い-た(終止形)   と
      kele-jü    baiqu          nom
      ヘレジュ    バイク         ノム
      言っ-て    いる(連体形)   本
      'みんなが [ウラーンの書いた] と言っている本'
```

では、ここで、間違った文(11)と正しい文(8)＝(12)を比べてみましょう。

```
(12) bügüdeger     [Ulaɣan-u     biči-gsen         gejü]
     ブグデル       ウラーネ       ビチグセン         ゲジュ
     みんなが       ウラーン-の    書い-た(連体形)   と
```

kele-jü	baiqu	nom
ヘレジュ	バイク	ノム
言って	いる（連体形）	本

'みんなが [ウラーンの書いた] と言っている本'

(12) も (11) もともに、埋め込み文に「の」主語を持っています。さらに、ともに、文の最後に、名詞があります。このことから、日本語の例から導き出した「主語の「の」をサポートしているのは、名詞である」という仮説は、(12) と (11) の違いを説明することができないことが分かります。ところが、(12) と (11) には、もう一つ、大きい違いがあります。それは、埋め込み文の述語が、$biči\text{-}gsen$ という連体形なら、文は正しいが、$biči\text{-}jei$ という終止形なら、文は、誤った文になるということです。そうなると、モンゴル語においては、「主語の「の」をサポートしているのは、名詞である」という仮説のほかに、述語の種類に関する仮説が必要になることが分かってきます。そこで、その仮説を、(13) のようにまとめます。

(13) 主語の「の」をサポートしているのは、述語の連体形である。

これと、日本語から得られた仮説とが、共同作業をして、モンゴル語の「の」主語の出現にをコントロールしているようです。つまり、モンゴル語の「の」主語の出現に関する仮説は、(14) になります。

(14) モンゴル語の「の」主語の出現に関する仮説
    a. 主語の「の」をサポートしているのは、名詞である。かつ、
    b. 主語の「の」をサポートしているのは、述語の連体形である。

(14) の仮説は、一番単純な、(7) = (15) の例に対しても、正しい予測をします。

(15) Ulaɣan-u   biči-gsen   nom
　　 ウラーネ　　 ビチグセン　　　 ノム
　　 ウラーン-の　書い-た(連体形)　本
　　 'ウラーンの書いた本'

(15) は、主語が、「の」主語で、述語が、連体形であるので、仮説 (14) によって、正しく、いい文であると判断されます。

　では、なぜ、日本語は、(6) = (16) の例が、誤った文なのでしょうか？また、日本語の「の」主語の出現をコントロールしているのは、何でしょうか？

(16) *みんなが [たけし君の書いた] と言っている本

ここで、モンゴル語で重要となった、述語の活用形について考えてみましょう。これを考える時は、昔の日本語の例を調査すると分かりやすくなります。現代日本語には、形容詞には、うっすら、終止形と連体形の区別が残っていますが、動詞には、残っていません。以下の二つの例を比べてください。

(17) a.　海が　静かだ。
　　 b.　静かな　海

(18) a.　たけし君が　本を　書いた。
　　 b.　たけし君が　書いた　本

(17) の形容詞のほうは、文が、名詞を修飾しないで、そのまま終わる場合は、終止形の「静かだ」を使い、名詞を修飾する場合は、「静かな」を使います。一方、(18) の動詞のほうは、文が、名詞を修飾しないで、そのまま終わる場合も、名詞を修飾する場合も、「書いた」を使います。さらに、(19) に見られるように、「と」の前に来る場合も、「書いた」を使います。

(19) きよし君が [たけし君が 本を 書いた と] 言っている。

ところが、古語を見ると、出現する場所によって、動詞が、終止形を使うか、連体形を使うか、はっきりしています。過去を表す「けり」の例を見てみましょう。4章の (14) の例を、ここでは、(20) として、表します。

(20) たけとりの翁といふもの ありけり。　　　　　(竹取物語)
　　　'竹取の翁という人が いた。'

(21) ありける 女童　　　　　　　　　　　　　　(土佐日記)
　　　'そこにいた 女の子'

(22) かくもありけり と 思ふ　　　　　　　　　　(源氏物語)
　　　'このようであったと 思う'

(20) では、「けり」が文末に生じ、終止形になっています。(21) では、名詞の前に置かれ、「ける」という連体形になっています。そして、(22) では、「と」の前に置かれ、「けり」という終止形になっています。

では、これを思い浮かべながら、日本語の「の」主語の例を見てみましょう。4章の (9) と (10) の例を、ここでは、(23) と (24) として、表します。

(23) [たけし君の書いた] 本

(24) *みんなが [たけし君の書いた] と言っている本

もし、(23) と (24) が古語であれば、動詞「書いた」は、それぞれ、以下に示すような活用形を持っていることになります。

(25) [たけし君の書いた (連体形)] 本

(26) *みんなが [たけし君の書いた (終止形)] と言っている本

つまり、同じ「書いた」でも、(25) では、連体形、(26) では、終止形となっているのです。もし、この区別が、日本語の歴史の中で、音声的には消えてしまっても、現代日本語で、そのまま残っているとすると、(26) において、「の」主語が許されない理由が見えてきます。モンゴル語で考えれば、(26) は、誤った文である (11) = (27) と全く同じ構造をしていることになります。

(27) *bügüdeger   [Ulaɣan-u   biči-jei   gejü]
　　　ブグデジェル　　ウラーネ　　ビチジェ　　グチ
　　　みんなが　　　　ウラーンの　書い-た（終止形）　と
　　　kele-jü　baiqu　　nom
　　　ヘレジュ　バイク　　ノム
　　　言っ-て　いる（連体形）　本
　　　'みんなが [ウラーンの書いた] と言っている本'

つまり、日本語で、(26) が悪かったのは、モンゴル語で正しい文である (12) = (28) のように、埋め込み文の動詞が、連体形を持つことができなかったという理由によるのです。

(28) bügüdeger   [Ulaɣan-u   biči-gsen   gejü]
　　　ブグデェル　　ウラーネ　　ビチグセン　　ゲジュ
　　　みんなが　　　ウラーン-の　書い-た（連体形）　と
　　　kele-jü　baiqu　　nom
　　　ヘレジュ　バイク　　ノム
　　　言っ-て　いる（連体形）　本
　　　'みんなが [ウラーンの書いた] と言っている本'

そうなると、実は、モンゴル語の「の」主語の出現に関する仮説は、そのまま、日本語の「の」主語の出現に関する仮説と同じことになります。そこで、(14) = (29) を (30) のように直します。

(29)　モンゴル語の「の」主語の出現に関する仮説
　　　a.　主語の「の」をサポートしているのは、名詞である。かつ、
　　　b.　主語の「の」をサポートしているのは、述語の連体形である。

(30)　日本語とモンゴル語の「の」主語の出現に関する仮説
　　　a.　主語の「の」をサポートしているのは、名詞である。かつ、
　　　b.　主語の「の」をサポートしているのは、述語の連体形である。

したがって、モンゴル語の「の」主語のほうが、日本語の「の」主語より、自由に出現できるのは、同じ約束を守りながらも、モンゴルにおいては、述語の連体形が「と」の前に出現できるという、日本語にはない性質があるからだということが分かってきました。

さらに、モンゴル語の「の」主語のほうが、日本語の「の」主語より、自由に出現できる例があります。まず、決定的な例に入る前に、準備的な例を見ます。(31)と(32)の例は、主語と目的語が両方入っています。

(31)　昨日　たけし君が　きよし君を　褒めた　理由

(32)　昨日　たけし君の　きよし君を　褒めた　理由

(31)は、完全に正しい日本語です。(32)には、「の」主語がありますが、同時に、「を」目的語も入っています。日本語母語話者によっては、(32)のように、名詞を修飾する文に、「の」主語と「を」目的語が同時に入っている場合、なぜか分からないものの、「の」主語だけの(23)＝(33)よりも、不自然だと感じる人がいます。

(33)　[たけし君の書いた] 本

ところが、モンゴル語では、どちらも、完全に正しい文です。(34)と(35)を見てください。

(34) öčügedür Ulaɣan   Baɣatur-i   maɣta-ɣsan   siltaɣan
    オチュゲドル ウラーン   バートリ   マッグタグサン   シルタガン
    昨日   ウラーンが バートル-を   褒め-た(連体形) 理由
    '昨日　ウラーンが　バートルを　褒めた　理由'

(35) öčügedür Ulaɣan-u   Baɣatur-i   maɣta-ɣsan   siltaɣan
    オチュゲドル ウラーネ   バートリ   マッグタグサン   シルタガン
    昨日   ウラーン-の バートル-を   褒め-た(連体形) 理由
    '昨日　ウラーンの　バートルを　褒めた　理由'

そこで、以下では、日本語のこのような例を扱わず、モンゴル語の例だけに集中して見ていきます。

まず、(36)の単文を見てください。

(36) Öčügedür   Ulaɣan   Baɣatur-i   maɣta-ɣsan-u?
    オチュゲドル ウラーン   バートリ   マッグタグサネ
    昨日   ウラーンが バートル-を   褒め-た(連体形)-の
    '昨日　ウラーンが　バートルを　褒めた　の？'

疑問文になっています。疑問助詞の u は、その前に述語が来ると、連体形を取るという性質があります。したがって、動詞「褒めた」は、連体形を取っています。この文は、モンゴル語で、正しい文です。

次に、(36)の「が」主語「ウラーンが」を、(37)で、「の」主語「ウラーンの」に変えます。

(37) *Öčügedür Ulaɣan-u   Baɣatur-i   maɣta-ɣsan-u?
    オチュゲドル ウラーネ   バートリ   マッグタグサネ
    昨日   ウラーン-の バートル-を   褒め-た(連体形)-の
    '昨日　ウラーンの　バートルを　褒めた　の？'

そうすると、(37)は、モンゴル語では、全く正しくない文になります。

ところが、(37) の文の目的語「バートルを」を、(38) のように文頭に持ってくると、その文は、モンゴル語では、完全に正しい文になります。

(38) Baɣatur-i   öčügedür   Ulaɣan-u   maɣta-ɣsan-u?
　　 バートリ   オチュゲドル   ウラーネ   マッグタグサネ
　　 バートル-を   昨日   ウラーン-の   褒め-た(連体形)-の
　　 'バートルを　昨日　ウラーンの　褒めた　の?'

このような文は、(39) で見るように、日本語では、全く誤った文です。

(39) *きよし君を　昨日　たけし君の　褒めた　の?

さて、モンゴル語では、(38) の文が正しいという事実は、これまで作り上げてきた「の」主語に関する仮説 (30) = (40) から、正しく予測されるでしょうか?

(40)　日本語とモンゴル語の「の」主語の出現に関する仮説
　　 a. 主語の「の」をサポートしているのは、名詞である。かつ、
　　 b. 主語の「の」をサポートしているのは、述語の連体形である。

(38) では、確かに、述語は、「褒めた」の連体形をしています。これで、(40b) を満たしたことになります。では、どこかに名詞があるか探してみると、「の」主語「ウラーンの」の左側に、目的語「バートルを」という名詞があります。では、(37) は、どうかというと、「の」主語の左側に、「昨日」という副詞があります。副詞は、名詞ではありません。そうすると、(40a) の「主語の「の」をサポートしているのは、名詞である」という仮説は、考え方次第では、(38) において、満たされていると言えそうです。もしこのように考えることが正しければ、(38) のような例が、モンゴル語で正しいと判断されることは、(40) の仮説から、予測されることになります。

では、日本語の (39) の文は、(40) の仮説から、誤った文であると

予測されるでしょうか？　まず、「の」主語「たけし君の」の左側に、目的語「きよし君を」という名詞があります。そうすると、(40a) の「主語の「の」をサポートしているのは、名詞である」という仮説は、満たされていると言えそうです。では、(40b) の仮説「主語の「の」をサポートしているのは、述語の連体形である。」は、どうでしょうか？　現代日本語では、動詞の終止形と連体形の区別は、音声では、ありません。しかし、(39) の文が、正しい文でないという事実から、おそらく、現代日本語では、(39) の文の動詞「褒めた」は、終止形ではないかと考えられます。もし、そうであれば、モンゴル語の (38) の文が、正しい文で、それに対応する日本語の (39) の文が、正しくない文であるということが、これまで到達した両言語の「の」主語の出現に関する仮説 (40) より、導き出されることになります。

　もちろん、現代日本語の疑問助詞「の」の前に来る述語が、終止形であるか、連体形であるかについては、慎重な調査が必要で、その調査次第で、上の仮説に、修正が必要になるかもしれません。というのも、日本語古語においては、疑問助詞「か」の前に来る述語は、連体形であったからです。

7章　ウルドゥ語の「が」と「の」の話

言いたいこと：**パキスタンの「の」は、好き嫌いがある。**

　ウルドゥ語は、パキスタンの国語で、インド・ヨーロッパ語族に分類される言語です。英語も、インド・ヨーロッパ語族に分類されます。ウルドゥ語は、少し面白い性格をしていて、インド・ヨーロッパ語族ではない日本語のような構造と、インド・ヨーロッパ語族の英語のような構造を持っています。基本語順は、主語・目的語・動詞です。(1)を見てください。

(1)　John-ne　　kal　　kitab　　khareedi.
　　 ジョンネ　　カル　 キタブ　 カレーディ
　　 ジョン-が　 昨日　 本　　　 買った
　　'ジョンが、昨日、本を買った。'

(1)のような単文では、全く日本語と同じ語順になっています。ところが、「ジョンが買った本」のように、「本」という名詞を修飾する文「ジョンが買った」を関係節と言いますが、ウルドゥ語では、関係節は、名詞の後ろに現れることもできるし、また、名詞の前に現れることもできます。まず、(2)を見てください。

7章　ウルドゥ語の「が」と「の」の話

(2) Jo　kitab　[John-ne　kal　khareedi]　buhut　dilchasp　hai.
　　ジョ　キタブ　ジョンネ　カル　ハレーディ　ボホット　デルチャス　ヘェ
　　その　本　　[ジョン-が　昨日　買った]　　とても　面白い　　です
　　'ジョンが昨日買った本は、とても面白いです.'

　(2)では、kitab「本」が先に来て、その後ろに、それを修飾する関係節「ジョンが昨日買った」が続きます。これは、後に見ますが、英語と同じ語順になっています。
　次に、(3)を見てください。

(3) [Kal　John-ki　khareedi-hui]　kitab　buhut　dilchasp　hai.
　　カル　ジョンキ　ハレーディフイ　キタブ　ボホット　デルチャス　ヘェ
　　[昨日　ジョン-の　買った-連体形]　本　　とても　　面白い　　です
　　'昨日ジョンの買った本は、とても面白いです.'
　=　'ジョンが昨日買った本は、とても面白いです.'

　(3)では、kitab「本」を修飾する関係節「昨日ジョンの買った」が先に来て、その後ろに、kitab「本」が続きます。これは、日本語と同じ語順です。さらに、kitab「本」の直前にある動詞は、連体形を取っています。モンゴル語とそっくりです。
　さらに、驚くのは、(3)では、関係節の中の主語「ジョン」は、John-ki「ジョン-の」となっています。もし、これを、(4)のように、John-ne「ジョン-が」とすると、その文は、ウルドゥ語としては、全く誤った文になります。

(4) *[Kal　John-ne　khareedi-hui]　kitab　buhut　dilchasp　hai.
　　カル　ジョンネ　ハレーディフイ　キタブ　ボホット　デルチャス　ヘェ
　　[昨日　ジョン-が　買った-連体形]　本　　とても　面白い　　です
　　'昨日ジョンが買った本は、とても面白いです.'

同じように、(2) の文を、(5) のように、John-ki「ジョン-の」とすると、その文は、ウルドゥ語としては、全く誤った文になります。

(5) *Jo   kitab   [John-ki   kal   khareedi]   buhut   dilchasp   hai.
　　ジョ　キタブ　ジョンキ　　カル　ハレーディ　　ボホット　デルチャス　ヘェ
　　その　本　　　[ジョン-の　昨日　買った]　　とても　面白い　　　　です
'ジョンの昨日買った本は、とても面白いです。'

このことから、ウルドゥ語においては、「の」主語が出現できるのは、2種類の関係節の内、日本語タイプの関係節においてのみであることが分かります。つまり、ウルドゥ語の「の」主語は、現れる場所に関して、好き嫌いがあるということです。そして、好きな場所は、これまで見てきた日本語とモンゴル語と同じように、名詞の前に置かれる関係節です。

ウルドゥ語には、「の」主語が、現れる場所を選り好みするという特徴のほかに、もう一つ、大変おもしろい現象があります。世界の他の言語にも見られますが、「本」や「馬」などの名詞に、二つ、「お知らせ」情報が付いています。具体的には、性別に関する情報と、一つであるか二つ以上であるかについての情報です。例えば、kitab「本」は、日本語では、男性とも女性とも言えませんが、ウルドゥ語では、女性だと考えられています。また、kitab「本」は、一冊であることを示していて、二冊以上であれば、kutub「複数の本」となります。

では、これをもとに、次の例を見てみましょう。

(6)　Mary-ki　　　　　　　　beti
　　メリキ　　　　　　　　　ベティ
　　メアリー-の（女性・一人）娘（女性・一人）
　'メアリーの娘'

beti「娘」は、一人の娘という意味で、「女性で、かつ、一人である」ことを意味しています。その場合に、日本語では考えられませんが、「メア

7章　ウルドゥ語の「が」と「の」の話

リーの」の「の」にあたる部分のkiが、このbetiの女性で、かつ、一人であるという「お知らせ」を引き継いで、「女性で、かつ、一人である」という意味を表しています。簡単に言うと、「の」が、次に来る名詞に、完全に影響を受けている状態です。

続いて、beta「息子」を使った例を見てみましょう。

(7)　Mary-ka　　　　　　　　beta
　　　メリカ　　　　　　　　　ベタ
　　　メアリー-の（男性・一人）　息子（男性・一人）
　　　'メアリーの息子'

beta「息子」は、一人の息子という意味で、「男性で、かつ、一人である」ことを意味しています。その場合に、「メアリーの」の「の」にあたる部分が、kiではなく、kaとなって、このbetaの男性で、かつ、一人であるという「お知らせ」を引き継いで、「男性で、かつ、一人である」という意味を表しています。ここでもまた、「の」が、次に来る名詞に、完全に影響を受けている状態になっています。

これを頭において、もう一度、(3)の例に戻ってみます。以下では、(8)として表します。

(8)　[Kal　John-ki　khareedi-hui]　kitab　buhut　dilchasp　hai.
　　　カル　ジョンキ　ハレーディフイ　キタブ　ボホット　デルチャス　ヘェ
　　　[昨日　ジョン-の　買った-連体形]　本　とても　面白い　です
　　　'昨日ジョンの買った本は、とても面白いです。'
　=　'ジョンが昨日買った本は、とても面白いです。'

kitab「本」は、「女性で、一つである」ことを意味しています。もう、気付いたかもしれません。面白いことに、John-ki「ジョン-の」のki「の」もまた、「女性で、一つである」ことを意味しています。ここでもまた、「の」が、次に来る名詞に、完全に影響を受けている状態になっています。

さらに面白いのは、動詞「買った」の連体形の hui もまた、「女性で、一つである」ことを意味しています。そうすると、「の」だけでなく、動詞の連体形の hui も、次に来る名詞に、完全に影響を受けている状態になっています。これをまとめると、(8) は、正確には、(9) のように表されることになります。

(9)　[Kal　John-ki　　　　　khareedi-hui]
　　　カル　ジョンキ　　　　　ハレーディフイ
　　[昨日　ジョン-の（女性・一つ）買った-連体形（女性・一つ）]
　　kitab　　　buhut　　dilchasp　　hai.
　　キタブ　　ボホット　デルチャス　ヘェ
　　本（女性・一つ）　とても　面白い　　です
　　'昨日ジョンの買った本は、とても面白いです。'
　＝'ジョンが昨日買った本は、とても面白いです。'

簡単に言うと、修飾されている名詞 kitab「本」の「女性で一つである」という情報が、その前に来ている関係節内部全体に浸透していって、全体で、一つのハーモニーをなしているかのようです。

この目に見えるハーモニーは、大変重要なことです。これによって、ウルドゥ語では、「の」主語、動詞の連体形、そして、修飾されている名詞の3要素は、とても強いつながりを持っていて、「の」主語が可能であるためには、何が必要かを、はっきりと教えてくれているからです。当然のことですが、少しでもハーモニーが壊れてしまえば、その文は、ウルドゥ語では、全く誤った文になってしまいます。(10) の例を見てください。

(10)　*[Kal　John-ka　　　　　khareedi-hui]
　　　 カル　ジョンカ　　　　　ハレーディフイ
　　[昨日　ジョン-の（**男性**・一つ）買った-連体形（女性・一つ）]

kitab	buhut	dilchasp	hai.
キタブ	ボホット	デルチャス	ヘェ
本（女性・一つ）	とても	面白い	です

'昨日ジョンの買った本は、とても面白いです。'

= 'ジョンが昨日買った本は、とても面白いです。'

(10) では、*ki*（女性・一つ）の代わりに、*ka*（男性・一つ）が使われています。しかし、これは、修飾されている名詞 *kitab*「本」（女性・一つ）と、一つのハーモニーをなしていません。*John* 自体は、男性で一人であるにもかかわらず、*ki*「の」は、*John* の「男性で一人である」という情報に影響されず、修飾されている名詞 *kitab*「本」の「女性で一つである」という情報に影響を受けなければならないことが、はっきりと分かります。

8章　ベンガル語の「が」と「の」の話

言いたいこと：**バングラデシュの「の」は、好き嫌いがない。**

　ベンガル語は、バングラデシュの国語で、インド・ヨーロッパ語族に分類される言語です。前の章で見たように、ウルドゥ語もインド・ヨーロッパ語族に分類されます。ベンガル語も、ウルドゥ語と同じように、インド・ヨーロッパ語族ではない日本語のような構造と、インド・ヨーロッパ語族の英語のような構造を持っています。基本語順は、主語・目的語・動詞です。(1)を見てください。

　(1)　Monir　　gotokal　boi-ti　　pore-silo.
　　　モニール　ゴトカル　ボイティ　ポレチーロ
　　　モニール　昨日　　　本-その　読ん-だ
　　　'モニールが、昨日、その本を読んだ。'

(1)のような単文では、全く日本語と同じ語順になっています。ところが、「モニールが読んだ本」のように、「本」という名詞を修飾する関係節は、ベンガル語では、ウルドゥ語と同じように、名詞の後ろに現れることもできるし、また、名詞の前に現れることもできます。まず、(2)を見てください。

(2) Eta　shei　boi　[jeta　Monir　gotokal　pore-silo].
　　エタ　シェイ　ボイ　ジェタ　モニール　ゴトカル　ポレチーロ
　　これ　その　本　[それ　モニール　昨日　読ん-だ]
　　'これは、モニールが昨日読んだ本です。'

(2) では、boi「本」が先に来て、その後ろに、それを修飾する関係節「モニールが昨日読んだ」が続きます。これは、後に見ますが、英語と同じ語順になっています。

次に、(3) を見てください。

(3) [Gotokal　Monir-er　por-a]　boi-ti　khub　mojar.
　　ゴトカル　モニーレル　ポラ　ボイティ　クブ　モジャール
　　[昨日　モニール-の　読んだ-連体形]　本-その　とても　面白い
　　'昨日モニールの読んだ本は、とても面白い。'
　= 'モニールが昨日読んだ本は、とても面白い。'

(3) では、boi「本」を修飾する関係節「昨日モニールの読んだ」が先に来て、その後ろに、boi「本」が続きます。これは、日本語と同じ語順です。さらに、boi「本」の直前にある動詞は、連体形を取っています。モンゴル語とそっくりです。

さらに、(3) では、関係節の中の主語「モニール」は、Monir-er「モニール-の」となっています。ベンガル語では、(4) を見て分かるように、-er が付くと、「の」の意味になります。

(4) Monir-er　biral
　　モニーレル　ビラル
　　モニール-の　猫
　　'モニールの猫'

もし、(3) の中の Monir-er「モニール-の」を、(5) のように、Monir「モ

ニールが」とすると、その文は、ベンガル語としては、全く誤った文になります。

 (5) *[Gotokal Monir por-a] boi-ti khub mojar.
   ゴトカル モニール ポラ   ボイティ クブ モジャール
   [昨日 モニール 読んだ-連体形] 本-その とても 面白い
   '昨日モニールが読んだ本は、とても面白い。'
  = 'モニールが昨日読んだ本は、とても面白い。'

同じように、(2) の文を、(6) のように、Monir-er「モニール-の」とすると、その文は、ベンガル語としては、全く誤った文になります。

 (6) *Eta shei boi [jeta Monir-er gotokal pore-silo].
   エタ シェイ ボイ ジェタ モニーレル ゴトカル ポレチーロ
   これ その 本 [それ モニール-の 昨日 読ん-だ]
   'これは、モニールが昨日読んだ本です。'

このことから、ベンガル語においては、ウルドゥ語と同様に、「の」主語が出現できるのは、2種類の関係節の内、日本語タイプの関係節においてのみであるように見えます。

 ところが、実は、ベンガル語は、ウルドゥ語と違って、「の」主語が現れる場所に関して、好き嫌いがありません。なんと、(6) を (7) に変えると、ベンガル語としては、正しい文になります。

 (7) Eta shei boi [jeta Monir-er gotokal por-a].
   エタ シェイ ボイ ジェタ モニーレル ゴトカル ポラ
   これ その 本 [それ モニール-の 昨日 読ん-連体形]
   'これは、モニールが昨日読んだ本です。'

そうすると、ベンガル語においては、ウルドゥ語とは異なり、「の」主語が出現できるのは、日本語タイプの関係節と英語タイプの関係節の両方で

あることになります。

　実は、これは、とても珍しい現象です。これまで、さまざまな言葉を見てきました。その中で、「の」主語が現れるのは、日本語、モンゴル語、ウルドゥ語、そして、ベンガル語でした。さて、これらの言語に共通しているのは、「の」主語が、関係節の中で現れ、そして、その関係節が、名詞の左側に来ていることです。修飾される名詞よりも前に「の」主語が現れます。ところが、ベンガル語だけは、それだけではなく、関係節が名詞の右側に来ている時でさえも、「の」主語が現れます。これまで調査されている言語の中で、名詞の右側に来ている関係節の中でも、また、名詞の左側に来ている関係節の中でも、「の」主語が出現するのは、私が知る限り、ベンガル語だけです。なぜ、ベンガル語だけがそんな「好き嫌い」がない性質を持っているのかは、まだ謎です。興味がある方は、この謎の解明に挑戦してみてください。

9章　韓国語の「が」と「の」の話

言いたいこと：**韓国の「の」は、行方不明。**

次は、日本のお隣の韓国で話されている韓国語の「の」について見てみましょう。まずは、日本語の例のおさらいから始めます。日本語では、(1) と (2) で見られるように、名詞を修飾する節＝関係節の中では、「が」主語とともに、「の」主語も可能です。

(1) [土曜日に　卵が　安い] 店は、この店　です。

(2) [土曜日に　卵の　安い] 店は、この店　です。

では、韓国語ではどうでしょうか？ 韓国語も、日本語と同じように、主語-目的語-動詞の語順の言語で、かなりの程度、文の構造が似ています。では、まず、(3) の例から見てみましょう。

(3) [Thoyoil-ey keylan-i ssan]　　　sangcem-un i　sangcem-ita.
　　 トヨイレ　　ケイラニ　ッサン　　　　サンズムン　イ　サンズムニダ
　　 土曜日-に　卵-が　　安い(連体形)　店-は　　　　この　店-です
　　 '土曜日に卵が安い店は、この店です。'

日本語と同じように、修飾される名詞 *sangcem*「店」の前に、関係節が置かれ、その中で、「が」主語が可能です。では、関係節の中で、「の」主語

か可能かどうか見てみましょう。韓国語では、「の」は、*uy* です。

(4) *[Thoyoil-ey keylan-uy ssan]　　sangcem-un　i　sangcem-ita.
　　トヨイレ　ケイラヌィ　ッサン　　　サンズムン　イ　サンズムニダ
　　土曜日-に　卵 -の　　安い(連体形)　店-は　　この　店-です
　　'土曜日に卵の安い店は、この店です。'

全く不思議なことに、韓国語では、関係節の中で、「の」主語が許されません。

　韓国語には、「の」自体が存在しないのではと思う方がいるかもしれません。しかし、「の」自体は、存在しています。(5) の例を見てください。

(5)　John-uy　　chayk
　　ジョンヌイ　チェッ
　　ジョン-の　　本
　　'ジョンの本'

(5) は、完全に正しい韓国語の表現です。ですから、「の」自体は、存在しているのです。

　これまで、日本語、モンゴル語、ウルドゥ語、ベンガル語の例を見てきました。それらの言語では、みな、関係節の中で、「の」主語が許されました。しかし、韓国語では、関係節の中で、「の」主語が許されないのです。これは、本当に不思議な事実です。名詞の前に関係節が置かれる言語では、かなりの程度、「の」主語が許されるにもかかわらず、韓国語は、そうではないのです。なぜそうなのか？ これに対する答えは、今の所、分かっていません。とても不思議なことです。この理由が分かれば、言語学における大発見だと言えると思います。

　韓国語の「の」主語が不可能であるという事実は、これも不思議なことに、もう一つの事実と関係があるように見えます。まずは、(6) の日本語の例を見てください。

(6) a. 誰の態度がよくないですか？
    b. ジョンの態度です。
    c. ジョンのです。

(6a)で、「誰の態度」と聞かれ、(6b)で、「ジョンの態度」と答えています。これは、よく理解できる答えです。日本語では、面白いことに、(6c)のように、同じ言葉「態度」を繰り返さずに、ただ、「ジョンの」と答えることができます。

　さて、同じことが、韓国語で言えるでしょうか？(7)の例を見てください。

(7) a. Nuku-uy　thayto-ka　cohci　ansumni　ka?
　　　ヌグイ　　テドガ　　チョッチ　アンスムニ　カ
　　　誰-の　　態度-が　　よく　　ないです　　か
　　　'誰の態度がよくないですか？'
    b. John-uy　thayto　imnita.
　　　ジョヌイ　テド　　イムニダ
　　　ジョン-の　態度　　です
　　　'ジョンの態度です。'
    c. *John-uy　imnita.
　　　ジョヌイ　イムニダ
　　　ジョン-の　です
　　　'ジョンのです。'

(7a)で、「誰の態度」と聞かれ、(7b)で、「ジョンの態度」と答えています。これは、全く日本語と同じです。ところが、日本語と違って、韓国語では、(7c)のように、同じ言葉「態度」を繰り返さずに、ただ、「ジョンの」と答えることができないのです。ここで重要な点は、日本語は、「卵の安い店」のように、関係節の中で、「の」主語が可能でしたが、韓国語

9章　韓国語の「が」と「の」の話

では、それが不可能であったと同じように、この「態度」のような名詞を省略しようとする場合においても、同じように、日本語は、「の」だけを残すことができるが、韓国語は、「の」だけを残すことができないのです。このように、二つの「の」についての事実は、全くの偶然によって起きているのでしょうか？

　おそらく、偶然ではないということが、モンゴル語、ウルドゥ語、ベンガル語を見ることで、はっきりしてきます。前で見たように、モンゴル語も、ウルドゥ語も、ベンガル語も、関係節の中で、「の」主語が可能です。おさらいとして、(8)-(10)の例を見てください。

(8)　Ulaɣan-u　　biči-gsen　　　　　nom
　　　ウラーネ　　ビチグセン　　　　ノム
　　　ウラーン-の　書い-た（連体形）　本
　　'ウラーンの書いた本'

(9)　[Kal　John-ki　khareedi-hui]　kitab　buhut　dilchasp　hai.
　　　カル　ジョンキ　ハレーディフイ　キタブ　ボホット　デルチャス　ヘィ
　　　[昨日　ジョン-の　買った-連体形]　本　　とても　面白い　　です
　　'昨日ジョンの買った本は、とても面白いです。'
　＝'ジョンが昨日買った本は、とても面白いです。'

(10)　[Gotokal　Monir-er　por-a]　　boi-ti　khub　mojar.
　　　　ゴトカル　モニーレル　ポラ　　　ボイティ　クブ　モジャール
　　　　[昨日　　モニール-の　読んだ-連体形]　本-その　とても　面白い
　　'昨日モニールの読んだ本は、とても面白い。'
　＝'モニールが昨日読んだ本は、とても面白い。'

(8)は、モンゴル語の例で、「ウラーンの書いた本」という関係節の中に、「の」主語が現れます。(9)は、ウルドゥ語の例で、「ジョンの買った本」という関係節の中に、「の」主語が現れます。(10)は、ベンガル語の例で、

「モニールの読んだ本」という関係節の中に、「の」主語が現れます。モンゴル語も、ウルドゥ語も、ベンガル語も、関係節の中に、「の」主語が現れるので、日本語と同じで、韓国語とは、異なります。そうなると、「態度」のような名詞がある場合、モンゴル語もウルドゥ語もベンガル語も、日本語と同じように、それを消しても、前に「の」だけが残ると予測してもおかしくありません。では、実際にそうかどうか、まず、モンゴル語から確かめてみましょう。(11)の例を見てください。

(11) a. Ken-nü　obur　maɣu　boi?
　　　　ヘン-ネ　オブル　モウ　ベ
　　　　誰-の　　態度が　悪い　の
　　　　'誰の態度が悪いの？'

b. Baɣatur-un　obur　maɣu.
　　バートルイン　オブル　モウ
　　バートル-の　態度　　悪い
　　'バートルの態度が悪い。'

c. Baɣatur-un　maɣu.
　　バートルイン　モウ
　　バートル-の　悪い
　　'バートルのが悪い。'

(11a)で、「誰の態度」と聞かれ、(11b)で、「バートルの態度」と答えています。これは、全く日本語と同じです。さらに、モンゴル語では、(11c)のように、同じ言葉「態度」を繰り返さずに、ただ、「バートルの」と答えることができます。日本語と全く同じです。

次に、ウルドゥ語の場合を確かめてみましょう。(12)の例を見てください。

9章 韓国語の「が」と「の」の話　59

(12) a. Kis-ka　rawayya　acha　hai?
　　　 キスカ　 ラヴァイヤ　アチャ　ヘェ
　　　 誰-の　 態度　　　 いい　 です
　　　 '誰の態度がいいですか？'

　 b. John-ka　rawayya　acha　hai.
　　　 ジョンカ　ラヴァイヤ　アチャ　ヘェ
　　　 ジョン-の　態度　　　 いい　 です
　　　 'ジョンの態度がいいです。'

　 c. John-ka　acha　hai.
　　　 ジョンカ　アチャ　ヘェ
　　　 ジョン-の　いい　 です
　　　 'ジョンのがいいです。'

(12a)で、「誰の態度」と聞かれ、(12b)で、「ジョンの態度」と答えています。これは、全く日本語と同じです。さらに、ウルドゥ語では、(12c)のように、同じ言葉「態度」を繰り返さずに、ただ、「ジョンの」と答えることができます。これも、日本語と全く同じです。

　最後に、ベンガル語の場合を確かめてみましょう。(13)の例を見てください。

(13) a. Ka-r　monovab　valo?
　　　 カール　モノバブ　バロー
　　　 誰-の　 態度　　 いい
　　　 '誰の態度がいいですか？'

　 b. Monir-er　monovab　valo.
　　　 モニレール　モノバブ　バロー
　　　 モニール-の　態度　　いい
　　　 'モニールの態度がいいです。'

c. Monir-er　　valo.
　　　　モニレール　　バロー
　　　　モニール-の　いい
　　　　'モニールのがいいです。'

以上のことをまとめると、(14) の表のようになります。

(14)　日本語、モンゴル語、ウルドゥ語、ベンガル語、韓国語の「の」主語と「の」残し

	日本語	モンゴル語	ウルドゥ語	ベンガル語	韓国語
「の」主語	√	√	√	√	*
「の」残し	√	√	√	√	*

(14) がはっきり示しているのは、韓国語だけが、関係節の中で「の」主語が現れられないことと、「の」残しができないことです。これは、他の三つの言語が、これら二つのことがともにできることから、「の」主語と「の」残しは、とても深いつながりがあるように見えます。その中で、なぜ、韓国語だけが、ともにできないのか、とても不思議です。そして、この謎は、まだ、誰にも、解明されていません。

10章　延辺語の「が」と「の」の話

言いたいこと：**韓国の親戚の「の」は、元気。**

　前章で、韓国語には、「の」主語がないことを見ました。日本語・モンゴル語ととても似ているのに、なぜ、韓国語には、「の」主語がないのか、大変不思議です。それでは、もし、朝鮮半島以外に、韓国語・朝鮮語（以下では、朝鮮語と呼びます）を話す人たちがいたら、「の」主語は、可能なのでしょうか？

　実は、中国にも、朝鮮語を話す人たちが住んでいます。この章では、一つの例として、吉林省にある延辺朝鮮族自治州に住む人々が話す朝鮮語延辺方言（以下では、延辺語と呼びます）について見てみます。

　延辺語には、日本語と同じように、助詞として、「が」と「の」があります。例として、(1) を見てください。

(1)　Ecey　nu-ka　talassta-ni?
　　　オゼ　ヌガ　タラッタニ
　　　昨日　誰-が　走った-の
　　　'昨日、誰が走ったの？'

(1) では、「誰が」の「が」が主語を表しています。続いて、(2) を見てください。

(2) nu-ki　chayk
　　ヌギ　チェッ
　　誰-の　本
　　'誰の本'

(2)は、「誰の」が、名詞「本」を修飾しています。このように、延辺語にも、「の」と「が」があります。

では、延辺語に、「の」主語があるか見てみましょう。まず、(3)を見てください。

(3) Ecey　nu-ka　mantun　　lyoli-ka　ceyil　masissess-ni?
　　オゼ　ヌガ　マンドゥン　リョリガ　チェイル　マッシッソンニ
　　昨日　誰-が　作った(連体形)　料理-が　一番　おいしかった-の
　　'昨日誰が作った料理が、一番おいしかったの？'

(3)では、「誰が」という「が」主語が使われています。では、この「誰が」の場所に、「誰の」という「の」主語が可能かどうか、(4)を見てください。

(4) Ecey　nu-ki　mantun　　lyoli-ka　ceyil　masiss-ess-ni?
　　オゼ　ヌギ　マンドゥン　リョリガ　チェイル　マッシッソンニ
　　昨日　誰-の　作った(連体形)　料理-が　一番　おいしかった-の
　　'昨日誰が作った料理が、一番おいしかったの？'

延辺語では、(4)は、完全に正しい文です。したがって、延辺語では、「の」主語が可能であることがわかります。

しかし、これは、とても不思議なことです。延辺語は、朝鮮語の一方言であるので、韓国で話されている朝鮮語、つまり、韓国語とは、同じ言語です。にも関わらず、延辺語では、「の」主語が許され、韓国語では、「の」主語が許されません。とても、不思議なことです。

ただし、延辺語において、「の」主語が許されるという事実は、とても

10章　延辺語の「が」と「の」の話

面白いことを教えてくれます。韓国語は、「の」主語を一切許しません。しかし、同じ朝鮮語の仲間の延辺語は、「の」主語を許します。これは、おそらく、韓国語と延辺語の祖先である「祖先朝鮮語」では、おそらく、「の」主語が許されていて、中国内に残った朝鮮語（延辺語）を話す人々の間では、その伝統が守られて、「の」主語に変化が起きなかったのですが、その一方で、韓国に残った朝鮮語（韓国語）を話す人々の間では、その伝統が、何らかの理由で失われ、その失われた時代から、現在に至るまで、「の」主語が、全く使用不可能になってしまったということです。ですから、延辺語を調査することで、韓国語の祖先「祖先朝鮮語」は、「の」主語に関して、全く、日本語とモンゴル語と同じようであったことが分かってきます。ただ、韓国語にだけ、朝鮮語の歴史の中で、何か特別なことが起きてしまったようです。その特別な何かは、まだ、全く分かっていません。

　さて、延辺語には、目に見える形、つまり、助詞という形で、「が」主語と「の」主語を表すという方法のほかに、音の高さによって、「が」主語と「の」主語を表すという方法があることも、付け加えておきます。特に、「私」とか「あなた」などの人を示す名詞によく見られます。(5) と (6) の例を見てみましょう。

(5) Ecey　nay[H]　talassta.
　　 オゼ　　ネー　　タラッタ
　　 昨日　　私が　　走った
　　 '昨日、私が走った。'

(6) nay[L]　chayk
　　 ネー　　チェッ
　　 私の　　本
　　 '私の本'

(5) も (6) も、ともに、「私が」と「私の」は、「ネー」と読みますが、その音の高さが違っています。(H) は、音が高い、(L) は、音が低いという意味です。書面では、音の高さが明確に表現できませんが、あごを引いて「ネー」と発音すれば、低く聞こえ、少しあごを上げて「ネー」と発音すれば、高く聞こえます。高い「ネー」が、「私が」を表し、低い「ネー」が、「私の」を表し、これは、延辺語を母語とする人にとっては、明確に区別できるものです。したがって、(5) と (6) の「ネー」の高さを、反対にして読むと、(7) と (8) で見るように、延辺語としては、全く誤ったものになります。

(7) *Ecey nay$^{(L)}$ talassta.
　　 オゼ　ネー　　タラッタ
　　 昨日　私の　　走った
　　 '昨日、私の走った。'

(8) *nay$^{(H)}$ chayk
　　 ネー　　チェッ
　　 私が　　本
　　 '私が本'

さて、この高い「ネー」(私が) と低い「ネー」(私の) を使って、これらが、関係節の中で、ともに現れることができるか見てみましょう。(9) と (10) を見てください。

(9) Cikum nay$^{(H)}$ ssun　　　 kul-i poi-ni?
　　 チグム　ネー　　ッスム　　　　グリ　ボイニ
　　 今　　私が　　書いた(連体形) 字-が　見える
　　 '今、私が書いた字が見える？'

(10) Cikum　nay ⁽ᴸ⁾　ssun　　　　kul-i　poi-ni?
　　　チグム　ネー　　ッスム　　　　グリ　　ボイニ
　　　今　　　私の　　書いた（連体形）字-が　見える
　　　'今、私の書いた字が見える？'

　(9)と(10)とも、「ネー」は、関係節の中に入っています。そして、これらの文は、ともに、延辺語では、正しい文です。このことから、延辺語でも、「が」主語と「の」主語が可能であることがわかります。

　ほかにも、「あなたが」と「あなたの」は、それぞれ、高い「ニー」と低い「ニー」で表されますが、これらも、ともに、関係節の中に現れることができます。

(11) Caknyen-ey　ni⁽ᴴ⁾　ssun　　　　sosel-un　i　sosel-ita.
　　　ツァンギョンネ　ニー　ッスム　　　　ソソルン　イ　ソソリダ
　　　去年　　　　　あなたが　書いた（連体形）小説-は　この　小説-です
　　　'去年、あなたが書いた小説は、この小説です.'

(12) Caknyen-ey　ni⁽ᴸ⁾　ssun　　　　sosel-un　i　sosel-ita.
　　　ツァンギョンネ　ニー　ッスム　　　　ソソルン　イ　ソソリダ
　　　去年　　　　　あなたの　書いた（連体形）小説-は　この　小説-です
　　　'去年、あなたの書いた小説は、この小説です.'

　このことも、延辺語で、「が」主語と「の」主語が可能であることを示しています。

　さて、延辺語において、「の」主語が可能であることを見てきましたが、そうすると、前章で見た、「の」残しについて、予測が生まれます。これまで、「の」主語ができる言語は、(13c)のような、「の」残しができるという相関を見てきました。

(13) a. 誰の態度がよくないですか？
   b. ジョンの態度です。
   c. ジョンのです。

延辺語では、「の」主語ができるので、「の」残しもできると予測されます。では、実際に、「の」残しができるか、見てみましょう。

(14) a. Nu-ki thayto cohci ansumni ka?
   ヌギ　テド　チョッチ　アンスムニ　カ
   誰-の　態度　よく　ないです　か
   '誰の態度がよくないですか？'

   b. John-i thayto imnita.
   ジョニ　テド　イムニダ
   ジョン-の　態度　です
   'ジョンの態度です。'

   c. *John-i imnita.
   ジョニ　イムニダ
   ジョン-の　です
   'ジョンのです。'

(14c)は、延辺語では、正しくありません。したがって、延辺語では、「の」残しができないということになります。

以上のことをまとめると、(15)の表のようになります。

(15) 日本語、モンゴル語、ウルドゥ語、ベンガル語、延辺語、韓国語の「の」主語と「の」残し

	日本語	モンゴル語	ウルドゥ語	ベンガル語	延辺語	韓国語
「の」主語	√	√	√	√	√	*
「の」残し	√	√	√	√	*	*

(15) は、面白いことを二つ教えてくれます。第一に、韓国語だけが、関係節の中で「の」主語が現れられないことと、「の」残しができないことです。なぜ、韓国語だけが、ともにできないのか、前章でも述べたように、この謎は、まだ、誰にも解明されていません。第二に、延辺語においては、「の」主語はできるが、「の」残しはできないということです。これによって、「の」主語があることと、「の」残しがあることに、相関は、すべての言語にあてはまるわけではないということが分かってきました。そして、やはり、延辺語は、韓国語と日本語の中間のような性質を持っているということです。「の」主語に関しては、日本語と同じように振る舞い、「の」残しに関しては、韓国語と同じように振る舞う。何か、両言語の過渡期にあるような状態に見えます。

11章　中国語の「の」の話

言いたいこと：**中国の「の」は、人によって元気。**

これまで、日本語、モンゴル語、ウルドゥ語、ベンガル語、そして、延辺語が、「の」主語を持っていることを見てきました。ここで、疑問が出てきます。アジアの中で、一番人口が多い国、中国、で話されている中国語は、「の」主語を持っているのかどうか。以下では、中国語母語話者全員ではありませんが、一定の中国語母語話者は、「の」主語を持っていることを見ていきます。

まず、一番簡単な単文の例を見ます。中国語は、日本語とは違い、英語のように、主語-動詞-目的語の語順になっています。

(1)　Zhangsan　mai-le　zhe　ben　shu.（ローマ字で書いた場合）
　　　チャンサン　マイラ　チョー　ベン　シュ（カタカナで書いた場合）
　　　張三　　　買った　この　冊　本　（各単語の意味）
　　　'張三は、この本を買った。'　　　　（文全体の意味）
　　　张三买了这本书。　　　　　　　　（中国語簡体字で書いた場合）
　　　張三買了這本書。　　　　　　　　（非簡体字で書いた場合）

(1)では、5行目に、現在の中国で用いられている簡体字という、漢字を少し簡略した字で書いた場合を示し、6行目に、簡体字になる前の漢字で書いた場合を示します。日本語で使われている漢字は、6行目に出てく

68

る漢字に近いものです。中国の新聞や教科書では、5行目に出てくる漢字を使っています。ちなみに、「張三」は、人の名前です。「張」が名字で、「三」が名前です。張家の三番目の男の子というような意味です。

　続いて、動詞を修飾する副詞は、(2)で見るように、主語の後ろに来てもいいし、また、(3)で見るように、主語の前に来てもかまいません。(2)と(3)では、ともに、副詞 zuotian「昨日」は、動詞 mai-le「買った」を修飾しています。

(2)　Zhangsan　　zuotian　　　mai-le　　zhe　　ben　　shu.
　　　チャンサン　ツオティエン　マイラ　　チョー　ベン　　シュ
　　　張三　　　　昨日　　　　買っ-た　　この　　冊　　　本
　　　'張三は、昨日、この本を買った。'
　　　张三昨天买了这本书。
　　　張三昨天買了這本書。

(3)　Zuotian　　　Zhangsan　mai-le　　zhe　　ben　　shu.
　　　ツオティエン　チャンサン　マイラ　　チョー　ベン　　シュ
　　　昨日　　　　張三　　　　買っ-た　　この　　冊　　　本
　　　'昨日、張三は、この本を買った。'
　　　昨天张三买了这本书。
　　　昨天張三買了這本書。

次に、中国語の「の」を見てみましょう。

(4)　Zhangsan-de　　shu
　　　チャンサン-ダ　　シュ
　　　張三-の　　　　本
　　　'張三の本'
　　　张三的书
　　　張三的書

(4) は、中国語の「の」は、de「的」であることを示しています。Zhangsan「張三」が名詞 shu「書」、つまり、「本」を修飾しています。面白いことに、中国語では、関係節が名詞を修飾する時も、関係節と名詞の間に、de「的」が現れます。

 (5) Zhangsan mai-de shu
   チャンサン マイ-ダ シュ
   張三 買う-の 本
   '張三が買った本'
   张三买的书
   張三買的書

(5) では、Zhangsan mai「張三が買った」が、名詞 shu「書」=「本」を修飾しています。そして、その間に、de「的」が現れます。これがないと、(5) は、「張三が買った本」という意味になりません。そうではなくて、「張三が本を買う。」という文になってしまいます。

 注意深い方は、もうお気付きかもしれません。中国語では、関係節の中には、(1) で、動詞の後ろに現れたような、過去を示す le「了」が出てきません。これがなくても、文脈から、過去だと分かれば、過去の出来事として訳します。

 さて、いよいよ、中国語には、「の」主語があるかどうか、確かめましょう。まず、(6) の「の」主語がない例を見てください。

 (6) Xingqiliu Zhangsan mai-de shu shi zhe ben.
   シンチリゥ チャンサン マイダ シュ シー チョー ベン
   土曜日 張三 買う-の 本 です この 冊
   '土曜日に張三が買った本は、これです。'
   星期六张三买的书是这本。
   星期六張三買的書是這本。

(6) は、関係節 *Xingqiliu Zhangsan mai*「土曜日に張三が買った」が、名詞 *shu*「書」=「本」を修飾しています。さあ、もし、中国語に「の」主語があるなら、関係節の中の主語 *Zhangsan*「張三」の後ろに、*de*「的」が来ることになります。本当に、そういうことが可能かどうか、(7) の例を見てください。

(7) Xingqiliu　Zhangsan-de　mai-de　shu　shi　zhe　ben.
シンチリゥ　チャンサンダ　マイダ　シュ　シー　チョー　ベン
土曜日　　　張三-の　　　買う-の　本　　です　この　冊
'土曜日に張三の買った本は、これです。'
星期六张三的买的书是这本。
星期六張三的買的書是這本。

(7) の例は、一定の中国語母語話者にとっては、完璧な文です。したがって、これらの中国語母語話者にとっては、中国語には、「の」主語が存在することになります。(7) の例をあまり正しいとは感じない中国語母語話者もいるようです。ですから、中国「の」主語は、人によって元気だと言えます。なぜ、「の」主語がある文を正しいと感じる人とそうでないと感じる人がいるかについては、まだ謎です。以下では、(7) の例を中国語として正しいと感じている人の判断を見ていきます。

(7) の例は、修飾される名詞が、本というものでした。次は、修飾される名詞が、時間の場合です。

(8) Zuotian　　huoche　　dao　Beijingzhan-de　shijian　shi
　　ツオティエン　ホゥオチャー　タオ　ペイジンチャン-ダ　シージェン　シー
　　昨日　　　　列車　　　　着く　北京駅-の　　　　　時間　　　　です
　　3　　dian.
　　サン　ディエン
　　3　　時

'昨日、列車が北京駅に着いた時間は、3時です.'

昨天火车到北京站的时间是三点。

昨天火車到北京站的時間是三點。

(8) は、関係節 *Zuotian huoche dao Beijingzhan*「昨日、列車が北京駅に着いた」が、名詞 *shijian*「时间」=「時間」を修飾しています。関係節の中の主語は、*huoche*「火车」=「列車」です。(9) は、この *huoche*「火车」=「列車」の後ろに、*de*「的」が来られることを示しています。

(9) Zuotian   huoche-de   dao   Beijingzhan-de   shijian
    ツオティエン ホゥォチャー-ダ タオ ペイジンチャン-ダ シージェン
    昨日   列車-の   着く   北京駅-の   時間
    shi   3   dian.
    シー   サン   ディエン
    です   3   時

'昨日、列車の北京駅に着いた時間は、3時です.'

昨天火车的到北京站的时间是三点。

昨天火車的到北京站的時間是三點。

したがって、中国語には、「の」主語が存在することになります。

続いて、修飾される名詞が、理由の例を見てみます。

(10) [Zuotian   Zhangsan   mai   na   ben   shu]-de   liyou
     ツオティエン チャンサン   マイ   ナー ベン   シュ-ダ   リィヨウ
     昨日   張三   買う   あの 冊   本-の   理由
     shi   zhe   ge.
     シー   チョー ゴ
     です   この   個

'昨日、張三があの本を買った理由は、この理由です.'

昨天张三买那本书的理由是这个。

11章　中国語の「の」の話

昨天張三買那本書的理由是這個。

(10)は、関係節 Zuotian Zhangsan mai na ben shu「昨日、張三があの本を買った」が、名詞 liyou「理由」を修飾しています。関係節の中の主語は、Zhangsan「張三」です。(11)は、この Zhangsan「張三」の後ろに、de「的」が来られることを示しています。

(11)　[Zuotian　　Zhangsan-de　mai　na　ben　shu]-de　liyou
　　　ツオティエン　チャンサンダ　マイ　ナー　ベン　シューダ　リィヨウ
　　　昨日　　　　張三-の　　　買う　あの　冊　本-の　　　理由
　　　shi　zhe　ge.
　　　シー　チョー　ゴ
　　　です　この　個
　　　'昨日、張三のあの本を買った理由は、この理由です.'
　　　昨天张三的买那本书的理由是这个。
　　　昨天張三的買那本書的理由是這個。

したがって、この例も、中国語には、「の」主語が存在することを示しています。

ただし、(11)は、一点、注意することがあります。(11)の文字通りの訳は、「昨日、張三のあの本を買った理由は、この理由です」です。前にも見ましたが、多くの日本語母語話者にとっては、「の」主語と「を」目的語が同時に現れると、少しおかしいと感じられるようです。しかし、これ以外に(11)の例の訳を書くことができないので、日本語としては、少し変ですが、文字通りの訳を書いておきます。

では、関係節ではない付け足し文の中では、「の」主語が可能かどうか見てみましょう。最初に、理由を示す付け足し文の例を見てみましょう。

(12) Yinwei   Zhangsan   du-le   na   ben   shu,
    インウェイ チャンサン   ドゥラ   ナー   ベン   シュ
    ので   張三   読ん-だ   その   冊   本
    meigeren   jingya-le.
    メイゴレン   ジンヤラ
    みんな   驚(おどろ)い-た
    '張三がその本を読んだので、みんなが驚いた。'
    因为张三读了那本书、每个人惊讶了。
    因為張三讀了那本書、每個人驚訝了。

(12)は、付け足し文 Yinwei Zhangsan du-le na ben shu「張三がその本を読んだので」が、主文(しゅぶん) meigeren jingya-le「みんなが驚いた」にくっ付いて、主文全体、あるいは、その中の動詞(どうし)部分 jingya-le「驚いた」を修(しゅう)飾(しょく)しています。付け足し文の中の主語は、Zhangsan「張三」です。さて、理由を示す付け足し文の中の主語 Zhangsan「張三」の後ろに、de「的」が来ることができるでしょうか？（13）の例を見てください。

(13) *Yinwei   Zhangsan-de   du-le   na   ben   shu,
    インウェイ チャンサンダ   ドゥラ   ナー   ベン   シュ
    ので   張三-の   読ん-だ   その   冊   本
    meigeren   jingya-le.
    メイゴレン   ジンヤラ
    みんな   驚い-た
    '張三のその本を読んだので、みんなが驚いた。'
    因为张三的读了那本书、每个人惊讶了。
    因為張三的讀了那本書、每個人驚訝了。

日本語やモンゴル語と同じように、やはり、中国語でも、理由を示す付け足し文の中では、「の」主語が出られません。

11章 中国語の「の」の話

次に、仮定(かてい)を示す付け足し文を見てみましょう。

(14) Ruguo   Zhangsan   fabiao-le   na   pian   wenzhang,
　　 ルーグオ   チャンサン フャビョウ-ラ ナー   ペン   ウンチャン
　　 もし   張三   発表し-た   その   篇   文章
　　 dajia   hui   jingya-ba.
　　 ダイジャ   フェイ   ジンヤ-バ
　　 誰(だれ)も だろう   驚(おどろ)く-だろう
　　 'もし張三がその論文(ろんぶん)を発表したら、誰もが驚くだろう。'
　　 如果张三发表了那篇文章、大家会惊讶吧。
　　 如果張三發表了那篇文章、大家會驚訝吧。

(14) は、付け足し文 *Ruguo Zhangsan fabiao-le na pian wenzhang*「もし張三がその論文(ろんぶん)を発表したら」が、主文(しゅぶん) *dajia hui jingya-ba*「誰もが驚くだろう」にくっ付いて、主文全体、あるいは、その中の動詞(どうし)部分 *hui jingya-ba*「驚くだろう」を修飾(しゅうしょく)しています。付け足し文の中の主語は、*Zhangsan*「張三」です。理由の付け足し文の場合と同じように、やはり、仮定を示す付け足し文の中の主語 *Zhangsan*「張三」の後ろに、*de*「的」は、来ることができません。

(15) *Ruguo   Zhangsan-de   fabiao-le   na   pian   wenzhang,
　　 ルーグオ   チャンサンダ   フャビョウ-ラ ナー   ペン   ウンチャン
　　 もし   張三-の   発表し-た   その   篇   文章
　　 dajia   hui   jingya-ba.
　　 ダイジャ   フェイ   ジンヤ-バ
　　 誰も   だろう   驚く-だろう
　　 'もし張三のその論文を発表したら、誰もが驚くだろう。'
　　 如果张三的发表了那篇文章、大家会惊讶吧。
　　 如果張三的發表了那篇文章、大家會驚訝吧。

同じように、別の仮定を示す付け足し文においても、「の」主語が出てくることができません。(16)では、「たとえ...でも」という仮定の付け足し文が使われています。

(16) Jishi   Zhangsan   du-le   na   ben   shu,
　　 ジシ   チャンサン   ドゥラ   ナー ベン   シュ
　　 たとえ 張三   読ん-だ その 冊   本
　　 ye   meiyou   ren   hui   jingya-ba.
　　 イェ   メイヨウ   レン   フェイ   ジンヤ-バ
　　 誰も   だろう   驚く-だろう
　　 'たとえ張三がその本を読んでも、誰も驚かないだろう。'
　　 即使张三读了那本书、也没有人会惊讶吧。
　　 即使張三讀了那本書、也沒有人會驚訝吧。

(16)は、完璧な中国語の文です。しかし、付け足し文の中の主語のZhangsan「張三」の後ろに、de「的」をつけると、その文は、全くおかしな文になってしまいます。

(17) *Jishi   Zhangsan-de   du-le   na   ben   shu,
　　 ジシ   チャンサンダ ドゥラ ナー ベン シュ
　　 たとえ 張三-の   読ん-だ その 冊   本
　　 ye   meiyou   ren   hui   jingya-ba.
　　 イェ   メイヨウ   レン   フェイ   ジンヤ-バ
　　 誰も   だろう   驚く-だろう
　　 'たとえ張三のその本を読んでも、誰も驚かないだろう。'
　　 即使张三的读了那本书、也没有人会惊讶吧。
　　 即使張三的讀了那本書、也沒有人會驚訝吧。

これも、日本語やモンゴル語と同じ状況です。仮定を表す付け足し文は、名詞を修飾していないので、その付け足し文の中にある主語は、

「の」主語として現(あらわ)れることができません。

このように、中国語においても、一定の中国語母語話者(ぼごわしゃ)にとっては、名詞(めいし)を修飾(しゅうしょく)する付け足し文、つまり、関係節(せつ)においては、「の」主語が可能(かのう)で、また、それ以外の付け足し文においては、「の」主語が不可能であることが分かりました。

ただし、すべての中国語母語話者にとって、関係節の中で、「の」主語が可能であるというわけでないようです。なぜ、ある人には、「の」主語が元気で、また、別の人には、「の」主語が元気でないのか、その理由は、まだ分かっていません。

12章　古代中国語の「の」の話

言いたいこと：**中国語は、日本語の先輩。**

　前の章では、現代中国語において、「の」主語が可能であるということを見ました。この章では、古代中国語において、「の」主語が可能であったかどうか見ていきます。

　まず、注意することがあります。前の章で見たように、現代中国語の「の」は、de「的」です。

(1)　Zhangsan-de　　shu
　　　チャンサン-ダ　シュ
　　　張三-の　　　　本
　　　'張三の本'
　　　张三的书
　　　張三的書

ところが、古代中国語の「の」は、de「的」ではなく、zhi「之」でした。次の例を見てください。

(2)　Jin　　[wang-zhi　　　defang]　　　wuqian li.
　　　ジン　ワァン-ジィー　ディファン　ウゥチャン リィ
　　　今　　王様-の　　　　領土　　　　五千里

'今、王様の領土は、五千里ある。'

今王之地方五千里。

今王之地方五千里。

「王様の領土」という時、「の」は、zhi「之」で表されています。この文は、紀元前5世紀から3世紀頃のものです。以下に出てくる例は、すべて紀元前のものです。つまり、2000年以上前のものということです。ちなみに、いつから、「之」が「的」に変わったかは、全く分かっていません。そして、なぜ、そのような変化が起きたかも分かっていません。

次の二つの例も、(2)の例と同様に、「A の B」という形をしています。

(3)　jin　　[chen-zhi　　zi],　ming　zai　　Zhonger
　　　ジン　チェン-ジィー　ジ　　ムィン　ツァイ　ジャンア
　　　今　　臣-の　　　　子　　名　　　いる　　重耳

　　'今、私の子、名が重耳という所にいる'

今臣之子、名在重耳

今臣之子、名在重耳

(4)　zhui　　yu　　[gongzi-zhi　　shou]
　　　ジュエ　イュ　ゴンヅィ-ジィー　シュウ
　　　墜ちる　で　　あなた-の　　　手

　　'あなたのせいで墜ちた。'

坠于公子之手。

墜於公子之手。

(3)では、「私の子」、(4)では、「あなたの手」=「あなたのせい」という表現の中の「の」が、「之」で表されています。

さて、それでは、古代中国語に、「の」主語があるかどうか、見ていきましょう。まず、単文の例を見ます。

(5) Zi　Mozi　jian　wang.
　　ジ　ムォジ　ジャン　ウァン
　　敬称　墨子（ぼくし）　会う　王
　　'墨子が、王に会う。'
　　子墨子见王。
　　子墨子見王。

(5) において、主語は、*Zi Mozi*「墨子」です。*Zi* は、敬意（けいい）を表す言葉で、*Zi Mozi* は、「墨子様」のような意味になります。(5) では、主語に「之」=「の」が付いていません。

　同じように、(6) の単文においても、主語に「之」=「の」が付いていません。

(6) gua　ren　jiang　shui　wei　jun　hu
　　グァ　レン　ジァン　スゥェイ　ウェイ　ジュン　フゥ
　　私　　　将来（しょうらい）　誰（だれ）　為　王様　か
　　'私は、将来（しょうらいだれ）誰の為に王になるのか'
　　寡人将谁为君乎。
　　寡人將誰為君乎。

(6) では、*gua ren*「私」が主語ですが、「之」=「の」が付いていません。
　この章の例は、すべて資料（しりょう）から取ってきています。しかし、その資料は、これまでに存在（そんざい）したすべての資料の一部です。そういうわけで、全資料は、調べ上げられませんが、どうも、古代中国語の単文では、「の」主語がなさそうです。
　次は、埋（う）め込（こ）み文を見てみましょう。

(7) Mengzi　dao　[xing　shan].
　　モンジ　ダォ　シェン　シャン
　　孟子　　言う　本性（ほんしょう）　善（ぜん）

'孟子は、人間の本性(ほんしょう)は、善(ぜん)であると言った。'

孟子道性善。

孟子道性善。

(7)では、*xing shan*「本性は、善である」が埋(う)め込(こ)み文です。中国語には、日本語の「と」に当たる助詞(じょし)がありません。その埋め込み文の主語は、*xing*「本性」ですが、「之」=「の」が付いていません。単文の時と同じように、全資料(しりょう)を調べ上げることはできませんが、古代中国語の埋め込み文においても、「の」主語がなさそうです。

次に、関係節(せつ)を見てみましょう。

(8)　[shi　　chen-zhi　　jie　　niu]-zhi　　shi ...
　　　シィ　チェン-ジィー　ジェ　ニュウ-ジィー　シ
　　　始めに　私-の　　解体(かいたい)する　牛-の　　時

'始めに私が牛を解体する時'

始臣之解牛之时

始臣之解牛之時

(8)では、関係節「始めに私が牛を解体する」が、名詞(めいし)「時」を修飾(しゅうしょく)しています。この関係節内部の主語「私」に、「之」=「の」が付いています。

同じように、(9)においても、「の」主語が現(あらわ)れています。(9)は、関係節と名詞の間に、「之」がない例です。

(9)　[Qu Ping-zhi　　　zuo]　Li Sao
　　　チィュ ピン-ジィー　ジゥォ　リーサォ
　　　屈平-の　　　　　作る　　離騒

'屈平が作った「離騒」という作品'

屈平之作离骚

屈平之作離騷

(9) では、関係節「屈平が作った」が、名詞「「離騒」という作品」を修飾しています。この関係節内部の主語 *Qu Ping*「屈平」に、「之」=「の」が付いています。

さらに、(10) においても、「の」主語が現れています。

(10) zhi　　[zi-zhi　　lai]　zhi,　Zaipei　yi　　zeng　zhi
　　　ジィー　ジィ-ジィー　ライ　ジィ　ザィペィ　イ　　ゼンー　ジィー
　　　知る　　彼-の　　　来る　こと　雜佩　　以って　贈る　彼
　　　'彼が来ることを知っていれば、雜佩（贈る物）をもって彼に贈る'
　　　知子之来之、雜佩以贈之
　　　知子之來之、雜佩以贈之

(10) では、名詞「こと」が、「彼が来る」という付け足し文に修飾されています。この付け足し文内部の主語 *zi*「彼」に、「之」=「の」が付いています。

ここでちょっと説明が必要なことがあります。(8) と (9) の [...] 部分は、関係節と言いますが、(10) の [...] 部分は、関係節とは言いません。どの例も、名詞を修飾しているにもかかわらずです。(8) と (9) と、(10) には、違いが一つあります。関係節の場合は、修飾される名詞を関係節の中に入れて、もともとの文を作ることができます。(11) の例を見てください。

(11) [たけし君が　書いた]　本

(11) の「本」を「たけし君が書いた」の中に戻すと、(12) ができあがります。

(12) たけし君が　本を　書いた。

このような場合、「たけし君が書いた」は、関係節と言います。

それに対して、(13) から、(14) を作ることができません。

(13) ［たけし君が　本を　書いた］こと

(14) *たけし君が　こと　本を　書いた。

このような場合、「こと」の前にある文は、関係節と呼びません。それで、単に、付け足し文と呼んでいます。

　続いて、仮定を表す付け足し文を見てみましょう。

(15) [pi-zhi　　　　bu　　　chun],　mao　jiang　an　　fu.
　　　ピィ-ジィー　ブゥ　　チュン　モゥ　ジァン　アン　フゥ
　　　皮膚-の　　　ない　　存在する　毛　　将来　　安定して　付く
　　　'皮膚がなければ、毛は、将来、（どこに）安定して付くだろう。'
　　　皮之不存、毛将安付。
　　　皮之不存、毛將安付。

(15)では、仮定を表す付け足し文「皮膚がなければ」の主語は、pi「皮膚」です。この主語 pi「皮膚」に、「之」=「の」が付いています。

　最後に、理由を表す付け足し文を見てみましょう。

(16) chen-zhi　　　bu　　gan　　ai　　si,
　　　チェン-ジィー　ブゥ　　ガァン　アィ　シィ
　　　私-の　　　　　ない　　　　　　たい　死に
　　　[wei　liang　jun-zhi　　zai　　ci　　tang　ye]
　　　ウェィ　リァン　ジュン-ジィー　ツァイ　ツィ　タァン　イェ
　　　為　　二人　王様-の　　　　いる　　堂　　よ
　　　'私が死にたくないのは、堂に王が二人がいるからだよ。'
　　　臣之不敢愛死、为两君之在祠堂也
　　　臣之不敢愛死、為兩君之在祠堂也

(16)では、理由を表す付け足し文「堂に王が二人がいるから」の主語は、liang jun「二人の王」です。この主語に、「之」=「の」が付いています。

あれ、なんだか、現代中国語の状況と違います。現代中国語では、名詞を修飾する関係節において、「の」主語が可能でした。ところが、古代中国語では、名詞を修飾する関係節はもとより、「こと」を修飾する付け足し文、仮定を表す付け足し文、そして、理由を表す付け足し文において、「の」主語が可能でした。つまり、古代中国語では、付け足し文全般において、「の」主語が可能であったようです。

あれ、なんだか、聞いたことがあるような話です。そうです。この状況は、5章でみたように、日本語古語の「の」主語の状況とほぼ同じです。もう一度、関係がある日本語古語の例を見てみましょう。古語では、単文と埋め込み文の主語には、「の」が付きません。ちょっと気に留めておくといいのは、単文と埋め込み文の中の述語は、終止形だということです。(17) と (18) の例を見てください。(17) は、単文で、「ありけり」という述語の終止形で文が終わっています。この時は、主語「たけとりの翁といふもの」には、「の」が付きません。同様に、(18) では、「と」の前に、「さる人あり」という文が入っていて、その述語「あり」は、終止形です。したがって、主語「さる人」には、「の」が付きません。

(17) たけとりの翁といふもの　ありけり。　　　　　(竹取物語)
　　　'竹取の翁という人が　いた。'

(18) さる人　ありと　聞きたまひけむ、　　　　　　(源氏物語)
　　　'そのような人が　いると聞きましたが、'

次に、付け足し文の中の主語を見ていきます。付け足し文においては、その文の主語には、「の」が付きます。ちょっと気に留めておくといいのは、付け足し文の中の述語は、終止形ではないということです。まず、(19) は、関係節を含んでいて、その関係節の主語に「の」が付いています。

(19) 人のいふこと　　　　　　　　　　　　　　　(竹取物語)
　　　'他人が言うこと'

また、関係節の中の述語は、連体形です。
　次に、(20) は、仮定を表す付け足し文で、その主語に「の」が付いています。

　(20)　落窪といふ者のあらば、　　　　　　　　　　（落窪物語）
　　　　'落窪という人がいれば、'

この付け足し文の述語「あらば」は、専門的には、未然形をしていると言います。
　続いて、(21) では、次の文につながっていく付け足し文で、その主語に「の」が付いています。

　(21)　家の人の出で入り、　　　　　　　　　　　　（土佐日記）
　　　　'家の人が出入りし、'

この付け足し文の述語「出で入り」は、専門的には、連用形をしていると言います。
　次に、(22) では、次の文に「て」の形をもつ述語でつながっていく付け足し文で、その主語に「の」が付いています。

　(22)　この老人どものとかく申して、　　　　　　　（源氏物語）
　　　　'この老人たちが、あれこれ言って'

この付け足し文の述語「申して」は、専門的には、「て形」をしていると言います。
　以上のことから、古代日本語では、単文・埋め込み文以外で、「の」主語が現れるようです。そして、述語の形から見ると、述語が終止形でなければ、「の」主語が現れるということになります。
　ここで、古代中国語に戻りましょう。古代中国語の「之」主語＝「の」主語が現れる場所と、古代日本語の「の」主語が現れる場所は、ほぼ同じであることが分かってきました。資料の古さからすると、明らかに、古代

中国語の「の」主語のほうが、古代日本語の「の」主語よりも、歴史上、早い段階（だんかい）から使われていたと予測（よそく）されます。そうなると、この「の」主語の分布（ぶんぷ）に関する限り、中国語は、日本語の先輩（せんぱい）に当たるということになります。おもしろいことに、中国語は、述語の活用（かつよう）がありません。ところが、日本語には、述語の活用があります。日本語において、「終止形（しゅうしけい）」とそれ以外の活用形は、明らかに区別ができますが、中国語では、できません。しかし、古代日本語の例を見ることで、こんなことが考えられます。中国語は、歴史上、一度も、述語の活用を持ったことがありませんが、どうも、中国語母語話者（ぼごわしゃ）の頭の中では、述語の活用形の「目に見えない」「もともと」の活用形の抽象的（ちゅうしょうてき）なものを持っていたのではないかということです。つまり、古代中国語においても、述語が、「終止形」でなければ、「之」主語＝「の」主語を使っていいと考えられていたのではないかと思います。そして、これと全く同じ考えが、古代日本語母語話者に伝えられ、それが、古代日本語の一連（いちれん）の約束事と、矛盾（むじゅん）しなかったために、古代日本語にすんなり取り込（こ）まれていったのかもしれません。そうであるならば、「の」主語の分布に関する限り、中国語は、日本語の先輩に当たると言えるかもしれません。

13章　英語のSの話

言いたいこと：「私とあなた」と「それ以外」。

　英語は、最初に習い始めると、日本語とは、全く違う言葉のように見えます。特に、動詞を習う時、とても不思議なことがあります。それは、「S」です。動詞に、「S」を付ける時と、そうでない時があって、どうも、その動作をする人の性質によって、「S」を付けたり、付けなかったりするようです。

　具体的には、「私」と「あなた」の時に、「S」が現れず、私とあなた以外の第三者の時に、「S」が現れるようです。以下の例を見てください。

　(1)　I　　play　　baseball.
　　　アイ　プレイ　ベイスボー
　　　'私は、野球をします。'

(1) は、主語が「私」で、この文は、英語として、正しい文です。この場合、動詞は、*play* です。

　次に、主語が「あなた」の場合を見てみましょう。

　(2)　You　play　　baseball,　　right?
　　　ユー　プレイ　ベイスボー　ライッ
　　　'あなたは、野球をしますよね？'

(2) では、主語が「あなた」で、この文は、英語として、正しい文です。自然に聞こえるように、言い切りの形ではなく、「ですよね？」の形にしてみました。この場合も、動詞は、play です。

次に、私とあなた以外の第三者の例として、「イチロー」が主語である場合を見てみましょう。

 (3) Ichiro plays baseball.
   イチロー　プレイズ　ベイスボー
   'イチローは、野球をします。'

もう英語を少しでも学んでいれば、(3) における plays の「S」について、何の違和感も感じないかもしれませんが、初めて、英語を学んでいる方は、なんだこの「S」は？と感じるのではないかと思います。突然すぎるからです。私とあなたの場合は、動詞は、play、それが、イチローになった途端に、plays に変わります。もし、play と書いたら、(4) に見られるように、その文は、英語としては、全く誤った文になってしまいます。

 (4) *Ichiro play baseball.
   イチロー　プレイ　ベイスボー
   'イチローは、野球をします。'

英語というのは、本当に奇妙な言語だなと思うかもしれません。しかし、実は、驚くことに、日本語にも、この英語の「S」に対応するものがあるのです。

まず、次の日本語の例を見てください。

 (5) 私は、もう帰りたい。

(5) は、主語が「私」で、その場合、述語は、「帰りたい」です。この文は、日本語として、正しい文です。

次に、主語が「あなた」の場合を見てみましょう。

(6)　あなたは、もう帰りたいの？

(6) では、主語が「あなた」です。自然に聞こえるように、言い切りの形ではなく、疑問文の形にしてみました。この場合も、述語は、「帰りたい」です。この文も、日本語として、正しい文です。

　次に、私とあなた以外の第三者の例として、「イチロー」が主語である場合を見てみましょう。

　　(7)　イチローは、もう帰りたい。

何気なく(7)を聞けば、この文は、日本語として正しい文のように聞こえます。しかし、ちょっとよく考えてみると、次のような疑問が湧いてきます。「なぜ、あなたは、イチローが考えていることが分かるのか？」「あなたは、イチローの奥様か？」「あなたは、人の心が読める方か？」このような状況を回避するには、(8)のように言うのが、より適切です。

　　(8)　イチローは、もう帰りたがってる。

イチローの様子を見ていて、「ああ、今日は、ヒットを6本も打ったのだから、明日の試合のために、そろそろ帰りたがってるんだろうな」という時に、(8)のように言えば、とても自然に聞こえます。この「がってる」が、英語の「S」に相当するものだと考えられるということです。なぜか？それは、私とあなた以外の第三者のことを語っているからです。

　もし、(8)で、「イチロー」の変わりに、「私」を入れたら、どうなるでしょうか？

　　(9)　私は、もう帰りたがってる。

これを聞いたら、ちょっと心配になります。「この人、家で何かあったのかな。」と。この文は、根本的には、日本語としては、誤った文です。ただ、「この「私」という「人物」は、帰りたいとう気持ちを持っている」と、

自分の心の中で考えている状況では、このような文も正しい文だと言えます。しかし、その場合は、自分で、自分のことを「第三者」として見ているのです。ですから、「たがってる」と言えるのです。

同じようなことが、「欲しい」という述語にも当てはまります。まず、次の日本語の例を見てください。

(10) 私は、カレーライスが欲しい。

(10) は、主語が「私」で、その場合、述語は、「欲しい」です。この文は、日本語として、正しい文です。

次に、主語が「あなた」の場合を見てみましょう。

(11) あなたは、カレーライスが欲しいの？

(11) では、主語が「あなた」です。自然に聞こえるように、言い切りの形ではなく、疑問文の形にしてあります。この場合も、述語は、「欲しい」です。この文も、日本語として、正しい文です。

次に、私とあなた以外の第三者の例として、「イチロー」が主語である場合を見てみましょう。

(12) イチローは、カレーライスが欲しい。

(7) の例と同じように、何気なく (12) を聞けば、この文は、日本語として正しい文のように聞こえます。しかし、ちょっとよく考えてみると、同じような疑問が湧いてきます。「なぜ、あなたは、イチローが考えていることが分かるのか？」「あなたは、イチローの奥様か？」「あなたは、人の心が読める方か？」このような状況を回避するには、(13) のように言うのが、より適切です。

(13) イチローは、カレーライスを欲しがってる。

イチローの様子を見ていて、「ああ、今日は、盗塁を6つもしたのだから、

腹ペコで、そろそろカレーライスを欲しがってるんだろうな」という時に、(13)のように言えば、とても自然に聞こえます。(8)の例と同様、この「がってる」が、英語の「S」に相当するものだと考えられるということです。なぜか？　それは、私とあなた以外の第三者のことを語っているからです。

　もし、(13)で、「イチロー」の変わりに、「私」を入れたら、どうなるでしょうか？

　　(14)　私は、カレーライスを欲しがってる。

これを聞いたら、またちょっと心配になります。「この人、家族に何かあったのかな。」と。この文は、根本的には、日本語としては、誤った文です。ただ、「この「私」という「人物」は、カレーライスが欲しいという気持ちを持っている」と、自分の心の中で考えている状況では、このような文も正しい文だと言えます。しかし、その場合は、前の例と同じように、自分で、自分のことを「第三者」として見ているのです。ですから、「欲しがってる」と言えるのです。

　このように、英語においても、日本語においても、「私とあなた」と「それ以外」を区別しようとしていて、その区別を、述語に、何か別の要素を足して（「S」や「がってる」）、明確にしているようです。こういった主語と述語の間に、形によってつながりを持たせることを、「主語と述語の一致」とか「主語と述語の呼応」と呼んだりします。人間言語には、このような「一致」を見せるという特徴があるようです。

14章　『源氏物語』の日本語の話

言いたいこと：**紫式部は、規則好き。**

　『源氏物語』は、平安時代中期に紫式部によって書かれた物語です。1008年ころ完成したと言われています。今から、約1000年ほど前の日本語が、どのようなものであったか、紫式部の書き方によって、少し分かってきます。

　前章では、「私」や「あなた」といった一人称・二人称と「イチロー」といった三人称の間で、何か異なることが起きていることを見ました。現代日本語にこのような差があることから、1000年前の古語においても、そのような差があったと考えても、全く不思議ではありません。以下、少しずつ、例を見ていきましょう。以下、すべて、『源氏物語』からの例です。

　まず、(1)-(3)の例を見てください。

(1) a.　わが心
　　　　'私の心'
　　b.　あが仏
　　　　'私の仏様'

(2) a. 君が心
　　　'あなたの心'
　　b. 汝が爺
　　　'あなたのお爺様'

(3) a. 人の心
　　　'人の心'
　　b. 男の咎
　　　'男の過ち'

(1)は、一人称の名詞「わが」と「あが」が使われており、意味は、「私の」です。(2)は、二人称の名詞「君が」と「汝が」が使われており、意味は、「あなたの」です。「汝が」は、「なが」と読むこともあります。(3)は、三人称の「人の」と「男の」が使われています。何か気付くことは、あるでしょうか？ 前章で見たように、一人称・二人称の場合と、三人称の場合で、違いがあるようです。一人称・二人称の時は、修飾する名詞の前に「が」を使い、三人称の時には、修飾する名詞の前に「の」を使っています。

　(1)-(3)の例は、すべて、名詞です。面白いことに、このパターンが、文の時にも、見られます。(4)-(6)の例を見てください。

(4) a. わが思ふさま
　　　'私が思う様子'
　　b. わが言はんこと
　　　'私が言おうとすること'

(5) a. 君が住むゆへに
　　　'あなたが住む理由で'
　　b. 君がおる峰の蕨
　　　'あなたが折る峰にある蕨'

(6) a. 人の言ひし事
'人が言ったこと'
b. 女のえ知らぬこと
'女性が知らないこと'

(4) は、一人称の名詞「わが」が使われており、意味は、「私が／私の」です。(5) は、二人称の名詞「君が」が使われており、意味は、「あなたが／あなたの」です。(6) は、三人称の「人の」と「女の」が使われています。意味は、「人が／人の」と「女性が／女性の」です。名詞の場合と同じように、文の場合も、一人称・二人称の時は、名詞を修飾する文の中で「が」を使い、三人称の時には、名詞を修飾する文の中で「の」を使います。

(1)-(6) の例を見れば、「が」と「の」に関して、次のような規則があるように見えます。

(7) 古語における「が」と「の」の現れ方の規則
a. 「が」は、一人称・二人称の名詞の右側に現れる。
b. 「の」は、三人称の名詞の右側に現れる。

これは、まるで、前章で見たのと同じような、人称による違いです。やはり、人称というのは、人間の言語において、何か特別であると考えてもよさそうです。

ところが、実は、紫式部は、もう少し、複雑な規則を持っていたようです。(7) の規則は、(8) と (9) のような例に出くわすと、考え直す必要があることが分かります。

(8) 誰が名
'誰の名前'

(9) 誰が言ひしこと
　　'誰が言ったこと'

(8) は、名詞「名」を修飾する名詞「誰が」、(9) は、名詞「こと」を修飾する文の主語「誰が」です。「誰」は、疑問語で、一人称でも二人称でもなく、したがって、言ってみれば、三人称であるので、(7) の規則が正しければ、『源氏物語』には、(10) と (11) のような例が存在するということになります。

(10) 誰の名
　　'誰の名前'

(11) 誰の言ひしこと
　　'誰が言ったこと'

しかし、このような例は、一例も出てきません。そうすると、(7) の規則は、正しくなく、何か修正しなければならなくなります。

では、いったいどこを直したらいいでしょうか？ よく考えてみると、(3) と (6) の例だけが、「人」、「男」、「女」といった、ごくありふれた普通の名詞を使っているのに対し、それ以外は、「私」、「あなた」、「誰」といった、普通の名詞ではなく、代名詞と言われるようなものを使っています。そうすると、「私」は一人称、「あなた」は二人称、そして、「誰」は三人称であるので、人称による区別は、全く役に立たないことになります。しかし、代名詞かそうでないかということが、ここで役に立ちそうです。したがって、(7) の規則を、(12) のように書き直せば、紫式部が頭に描いていた規則になりそうです。

(12) 古語における「が」と「の」の現れ方の規則
　　a.「が」は、代名詞の右側に現れる。
　　b.「の」は、普通の名詞の右側に現れる。

(12)の規則は、次のような例によって、さらに正しいということが分かります。上では、代名詞の中でも、人称代名詞の例を見てきました。(12a)は、人称代名詞に限らず、指示代名詞にも、右側に「の」ではなく、「が」が現れることを予測しています。(13)-(15)の例を見てみましょう。

(13)　これが顔
　　　'これの顔'

(14)　それが叔父
　　　'それの叔父'

(15)　あれがほど
　　　'あれの程度'

「これ」、「それ」、「あれ」は、すべて指示代名詞と言います。これらには、その右側に、「が」しか付くことができません。したがって、(12)の規則が正しいことがこれらの例によって、より明確になりました。

　ところが、指示代名詞とよく似たもので、指示形容詞と言われるものがあります。「こ」、「そ」、「あ」に、既に「の」が付いてしまっているもので、現代日本語では、「この」、「その」、「あの」などのものです。「こ」、「そ」、「あ」が名詞であるかどうかは、よくわかりませんが、『源氏物語』においても、「この」、「その」、「あの」が見られますが、絶対に、「こが」、「そが」、「あが」は、出てきません。(16)-(18)の例を見てください。

(16)　この道
　　　'この道'

(17)　その弟子
　　　'その弟子'

(18) あのわたり
'あの辺り'

ところが、指示形容詞「この」、「その」、「あの」は、指示代名詞「これ」、「それ」、「あれ」と違って、いつも、後ろに名詞が付いてきます。それに対して、指示代名詞「これ」、「それ」、「あれ」は、それ自体が、主語として出てくることができます。(19)-(21) の例を見てください。

(19) これはいと難し。
'これはとても難しい。'

(20) それは、...醜きぞ。
'それは、...醜いな。'

(21) あれは誰そ
'あれは、誰だ'

指示形容詞「この」、「その」、「あの」の、「こ」、「そ」、「あ」を、「の」を必要とするものと考えると、紫式部の規則 (12) は、規則 (22) のようであると考えられます。

(22) 古語における「が」と「の」の現れ方の規則
 a. 「が」は、代名詞の右側に現れる。
 b. 「の」は、普通の名詞、<u>あるいは、指示形容詞の「の」を取った部分の右側に現れる。</u>

(22b) の下線部分が足されたところです。

さあ、もう、これで、紫式部の規則は、はっきりわかりました。と思ったのもつかの間、実は、「が」も「の」も両方付いてしまうものがたくさんあります。そこで、ひとまず、(22) の規則を紫式部の基本的な規則としておいて、この規則からは予測できない、「が」も「の」も両方付いてしま

う例を、以下で見ていきます。

　まずは、職業です。(23) と (24) では、宿直人（番人）、(25) と (26) では、海人（漁師）です。

(23)　宿直人が寒げにてさまよひしなど
　　　'番人が寒そうにうろうろ歩いたことなど'

(24)　宿直人のことなど
　　　'番人のことなど'

(25)　海人がつむ嘆きの中にしほたれていつまで
　　　'漁師が積み重ねる投げ木の中に涙に濡れて'

(26)　海人のすむかた
　　　'漁師が住んでいる場所'

(23) と (24) では、宿直人（番人）という職業が書かれていますが、その後ろには、「が」が来ることもあるし、「の」が来ることもあります。(25) と (26) では、海人（漁師）という職業が書かれていますが、その後ろには、「が」が来ることもあるし、「の」が来ることもあります。

　続いては、人名です。(27) と (28) では、三条と呼ばれる人、(29) と (30) では、惟光と呼ばれる人です。

(27)　この三条が言ふやう
　　　'この三条が言う様子'

(28)　三条の姫君
　　　'三条のお嬢さん'

(29)　惟光が兄
　　　'惟光の兄'

(30) 惟光の宰相
　　　'惟光の補佐官'

(27) と (28) では、三条と呼ばれる人が書かれていますが、その後ろには、「が」が来ることもあるし、「の」が来ることもあります。(29) と (30) では、惟光と呼ばれる人が書かれていますが、その後ろには、「が」が来ることもあるし、「の」が来ることもあります。

　現時点では、なぜ、職業や名前には、「が」も「の」も付くことができるかは、分かっていません。

　これまでのことをまとめると、紫式部の日本語には、「が」と「の」の現れ方に関して、(31) のような規則があったようです。

(31) 古語における「が」と「の」の現れ方の規則
　　a. 「が」は、代名詞の右側に現れる。
　　b. 「の」は、普通の名詞、あるいは、指示形容詞の「の」を取った部分の右側に現れる。
　　c. 職業や名前には、「が」も「の」も付くことができる。

もちろん、(31) が、紫式部の「が」と「の」の出現の規則をすべて表しているわけではありません。まだまだ、不思議なことが残っていますが、ここでは、ひとまず、これだけを示しておきます。例えこれだけであっても、紫式部は、結構、規則が好きだったように見えます。

15章　語順の話：日本語と英語

言いたいこと：**日本語と英語は、アジの開きの関係。**

　日本語と英語には、どんな関係がありますかと聞かれたら、多くの場合、「別にぃ」と答えるでしょう。実際、英語は、イギリス（連合王国）やアメリカなどで話されていて、日本語は、ユーラシア大陸の東端の島で話されているにすぎません。私も、最初は、この二つのまったく異なる言語に、何かしら関係があるとは思いませんでした。ところが、よくよく見てみると、とても不思議な関係があることが分かってきました。以下のことは、語順に関しての話です。語順に注目すると、驚くようなことが分かってきます。

　まず初めに、一番簡単な単文を見てみましょう。

　（1）　たけし君は　きよし君を　見た。

この文は、主語「たけし君は」、目的語「きよし君を」、そして、動詞「見た」からできています。では、これを英語で言うと、どうなるでしょうか？（2）のようになります。

　（2）　Takeshi　　saw　　Kiyoshi.
　　　　タケシ　　　ソー　　キヨシ
　　　　たけし君は　見た　　きよし君を

'たけし君は　きよし君を　見た。'

この文は、主語 *Takeshi*、動詞 *saw*、そして、目的語 *Kiyoshi* からできています。この段階で、日本語と英語の共通点が、一つあります。それは、主語が、文の先頭に来ることです。では、日本語と英語は、どこが違うでしょうか？　主語を除いた部分を見てみましょう。

(3)　きよし君を　見た

(4)　saw　Kiyoshi
　　　ソー　キヨシ
　　　見た　きよし君を
　　'きよし君を　見た'

ああ、なるほど。目的語と動詞の順番が反対です。日本語では、目的語が動詞よりも先に来て、英語では、動詞が目的語より先に来ます。こんな具合に、日本語と英語で、違っている所を探していけば、何かがわかって来るかもしれません。以下では、主語の位置は、同じであるので、主語については、注目せず、それ以外の所に注目して、見ていきます。違いが、はっきりわかるように、以下では、(5) のように、範囲を示したり、下線を引いたりして、並べて見ていきます。

(5)　a.　たけし君は　[きよし君を　見た]。
　　　b.　Takeshi　[saw　Kiyoshi].
　　　　　タケシ　　　ソー　キヨシ
　　　　　たけし君は　見た　きよし君を
　　　　'たけし君は　きよし君を　見た。'

では、次に、方向を示す表現を含んだ文を見てみましょう。

(6) a. きよし君は　[山形に]　行った。

　　b. Kiyoshi　　went　　[to　Yamagata].
　　　キヨシ　　　ウェン　タ　ヤマガタ
　　　きよし君は　行った　に　山形
　　　'きよし君は　山形に　行った。'

日本語では、場所「山形」が先に来て、その次に、方向を示す「に」が来ています。英語では、方向を示すto「に」が先に来て、その次に、場所Yamagata「山形」が来ています。主語「きよし君」は、やはり、日本語も英語も、文の先頭に来ています。また、動詞「行った」も、日本語では、文の最後に、英語では、主語の次に来ています。

　続いて、埋め込み文を見てみましょう。

(7) a. たけし君は　[きよし君が　山形に　行ったと]　思っている。

　　b. Takeshi　　thinks　　[that　Kiyoshi　went
　　　タケシ　　　スィンクス　ザァッ　キヨシ　　ウェン
　　　たけし君　　思っている　と　　　きよし君　行った
　　　to　Yamagata].
　　　タ　ヤマガタ
　　　に　山形
　　　'たけし君は　きよし君が　山形に　行ったと　思っている。'

日本語では、埋め込み文「きよし君が山形に行ったと」が先に来て、その次に、動詞「思っている」が来ています。英語では、動詞thinks「思っている」が先に来て、その次に、埋め込み文that Kiyoshi went to Yamagata「きよし君が山形に行ったと」が来ています。さらに、埋め込み文内部では、「きよし君が山形に行った」が先に来て、その次に、埋め込み文の目印の「と」が来ています。英語では、埋め込み文の目印のthat「と」が先に来て、その次に、Kiyoshi went to Yamagata「きよし君が山形に行った」

が来ています。なんだか、少しずつ、日本語と英語の違いが見えてきたような気がします。

次は、疑問文の埋め込み文を見てみましょう。

(8) a. たけし君は　[きよし君が　山形に　行ったかどうか]　知っている。

b. Takeshi　knows　[whether　Kiyoshi　went
　　タケシ　　ノウズ　　　ウェザー　キヨシ　　ウェン
　　たけし君　知っている　かどうか　きよし君　行った
　　to　Yamagata].
　　タ　ヤマガタ
　　に　山形
　　'たけし君は　きよし君が　山形に　行ったかどうか　知っている。'

日本語では、疑問文の埋め込み文「きよし君が山形に行ったかどうか」が先に来て、その次に、動詞「知っている」が来ています。英語では、動詞 knows「知っている」が先に来て、その次に、埋め込み文 whether Kiyoshi went to Yamagata「きよし君が山形に行ったかどうか」が来ています。さらに、疑問文の埋め込み文内部では、「きよし君が山形に行った」が先に来て、その次に、疑問文の埋め込み文の目印の「かどうか」が来ています。英語では、疑問文の埋め込み文の目印の whether「かどうか」が先に来て、その次に、Kiyoshi went to Yamagata「きよし君が山形に行った」が来ています。さらに、少しずつ、日本語と英語の違いが見えてきたような気がします。

次は、動詞が二つある文を見てみましょう。

(9) a. きよし君は　寿司を　[食べ　始めた]。

b. Kiyoshi [started to eat] sushi.
　　キヨシ　　スターティッ　タ　イー　スシ
　　きよし君　始めた　　　　　食べ　寿司
　'きよし君は　寿司を　食べ　始めた。'

日本語では、「食べ」が先に来て、その次に、「始めた」が来ています。英語では、*started*「始めた」が先に来て、その次に、*to eat*「食べ」が来ています。さらに、日本語では、「寿司を」が先に来て、その次に、「食べ始めた」が来ています。英語では、*started to eat*「食べ始めた」が先に来て、その次に、*sushi*「寿司」が来ています。なんだか、段々と、パターンが見え始めてきました。

　次は、付け足し文を見てみましょう。

(10) a. [きよし君が　山形に　行った時]、たけし君は　足立区に　いた。
　　b. [When　Kiyoshi　went　to　Yamagata],
　　　　ウエン　キヨシ　ウエン　タ　ヤマガタ
　　　　時　　　きよし君　行った　に　山形
　　　Takeshi　was　in　Adachi-Ku.
　　　タケシ　　ワズ　イン　アダチク
　　　たけし君　いた　に　　足立区
　　'きよし君が　山形に　行った時、たけし君は　足立区に　いた。'

日本語では、時間を表す付け足し文の中で、「時」が最後に来ています。英語では、時間を表す付け足し文の中で、*when*「時」が最初に来ています。

　理由を表す付け足し文においても、同じことが起きています。

(11) a. [きよし君が　山形に　行ったので]、たけし君は　泣いた。

15章　語順の話：日本語と英語

b. [Because Kiyoshi went to Yamagata], Takshi cried.
　　ビコーズ　キヨシ　ウエン　タ　ヤマガタ　　タケシ　クライ
　　ので　　きよし君　行った　に　山形　　　たけし君　泣いた
　　'きよし君が　山形に　行ったので、たけし君は　泣いた。'

日本語では、理由を表す付け足し文の中で、「ので」が最後に来ています。英語では、理由を表す付け足し文の中で、*because*「ので」が最初に来ています。

　さらに、仮定を表す付け足し文においても、同じことが起きています。

(12) a. [きよし君が　山形に　行ったら]、たけし君は　泣くでしょう。

b. [If Kiyoshi went to Yamagata],
　　エフ　キヨシ　ウエン　タ　ヤマガタ
　　ら　　きよし君　行った　に　山形

Takshi would cry.
タケシ　ウッ　クライ
たけし君　だろう　泣く

'きよし君が　山形に　行ったら、たけし君は　泣くだろう。'

日本語では、仮定を表す付け足し文の中で、「ら」が最後に来ています。英語では、仮定を表す付け足し文の中で、*if*「ら」が最初に来ています。

　さらに、別の種類の付け足し文である関係節に関しても、同じことが起きています。

(13) a. [たけし君が見た] 人は、きよし君です。

b. The man [Takeshi saw] is Kiyoshi.
　　ザ　ミャーン　タケシ　ソー　エズ　キヨシ
　　人　　　　たけし君　見た　です　きよし君

'たけし君が見た人は、きよし君です。'

日本語においては、「人」を修飾する付け足し文である関係節の「たけし君が見た」は、「人」の前に来ています。英語においては、the man「人」を修飾する付け足し文である関係節の Takeshi saw「たけし君が見た」は、the man「人」の後ろに来ています。

　次は、強調の意味を表す「さえ」という語を見てみます。

(14) a.　[きよし君　さえ] 山形に　行った。
　　 b.　[Even　　Kiyoshi] went　to Yamagata.
　　　　 イーヴン　キヨシ　　ウエン　タ　ヤマガタ
　　　　 さえ　　　きよし君　行った　に　山形
　　　　 'きよし君さえ　山形に　行った。'

日本語では、強調の意味を表す「さえ」は、名詞「きよし君」の後ろに付きます。それに対し、英語では、強調の意味を表す even「さえ」は、名詞 Kiyoshi「きよし君」の前に付いています。

　続いて、比較を表す「より」という語を見てみましょう。

(15) a.　きよし君は　[たけし君より]　背が高い。
　　 b.　Kiyoshi　is　　　taller　　[than Takeshi].
　　　　 キヨシ　　エズ　　トーラー　　ザン　タケシ
　　　　 きよし君　んです　背が高い　　より　たけし君
　　　　 'きよし君は　たけし君より　背が高い。'

日本語では、比較を表す「より」は、名詞「たけし君」の後ろに付きます。それに対し、英語では、比較を表す than「より」は、名詞 Takeshi「たけし君」の前に付いています。

　最後に、否定形と過去形が入った文を見てみます。

(16) a.　きよし君は　山形に　行か　なかった。

b. Kiyoshi   did   not   go   to   Yamagata.
　　キヨシ　ディッ　ナッ　ゴウ　タ　ヤマガタ
　　きよし君　た　　なかっ　行か　に　山形
　'きよし君は　山形に　行か　なかった。'

日本語では、否定形「なかっ」は、過去形「た」の前に来ています。それに対し、英語では、否定形 not「なかっ」は、過去形 did「た」の後ろに来ています。さらに、日本語では、動詞「行か」は、否定形+過去形「なかった」の前に来ています。それに対し、英語では、動詞 go「行か」は、過去形+否定形 did not「なかった」の後ろに来ています。

　これまで見てきた日本語と英語の例の大切な部分だけを、(17) の表にまとめてみます。主語の位置は、ともに、文頭であるので、それは、ここでは、示しません。

(17)　日本語と英語の例のまとめ

日本語	英語
[きよし君を] 見た	saw [Kiyoshi]
[山形] に	to [Yamagata]
[...] と	that [...]
[...] かどうか	whether [...]
[...と] 思っている	think [that ...]
[...かどうか] 知っている	know [whether ...]
[食べ] 始めた	started [to eat]
[寿司を] 食べ始めた	started to eat [sushi]
[...] 時	when [...]
[...] ので	because [...]
[...] ら	if [...]
[...] 人	the man [...]
[きよし君] さえ	even [Kiyoshi]
[たけし君] より	than [Takeshi]
[行かなかっ] た	did [not go]
[行か] なかっ	not [go]

(17)を見ると、日本語の表現と英語の表現は、何か、鏡に映したような関係にあるように見えます。そうです。(17)で […] に入っていない部分は、どちらの言語においても、共通部分で、まるで、その部分を軸にして、日本語は、その軸の左側に […] を、英語は、その軸の右側に […] を置いているように見えます。それをよりはっきりと示したのが、(18)です。

(18) 日本語と英語の関係：軸をはさんで左右

日本語		英語
左側要素	軸	右側要素
[きよし君を]	見た / saw	[Kiyoshi]
[山形]	に / to	[Yamagata]
[…]	と / that	[…]
[…]	かどうか / wheether	[…]
[…と]	思っている / think	[that …]
[…かどうか]	知っている / know	know [that …]
[食べ]	始めた / started	[to eat]
[寿司を]	食べ始めた / started to eat	[sushi]
[…]	時 / when	[…]
[…]	ので / because	[…]
[…]	ら / if	[…]
[…]	人 / the man	[…]
[きよし君]	さえ / even	[Kiyoshi]
[たけし君]	より / than	[Takeshi]
[行かなかっ]	た / did	[not go]
[行か]	なかっ / not	[go]

そうです。日本語と英語の語順の関係は、小学校6年生で習う「線対称」の関係になっているのです。もっとわかりやすく絵で表せば、日本語と英語は、「アジの開き」の関係だと言ってもいいと思います。(19)の絵を見てください。

(19) 日本語と英語の関係：アジの開きの関係

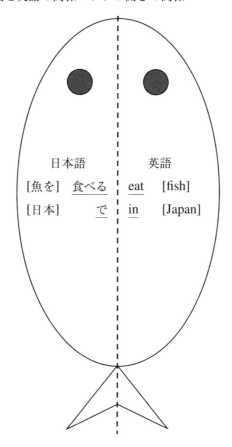

アジの開きの左半分が、日本語で、右半分が英語です。これは、ちょうど、車は、日本では、左側通行、アメリカでは、右側通行であるのと似ています。ただし、イギリス（連合王国）では、車は、日本と同じ左側通行なので、日本語と英語の関係について覚える時は、日本とアメリカで覚えてください。車を使わない分、アジの開きのほうが、安全かもしれません。

さて、(19) で、下線が引かれた食べる/eat とで/in は、アジの開きの中心、つまり、軸にあります。この軸の周りを、[...] 部分が、ぐるぐる回っていて、ボタンを押して、止まった位置が、たまたま左側なら、日本

語、たまたま右側なら、英語というようなものです。そうすると、ちょっとおもしろいことがわかってきます。日本語が、軸の左側に要素を置くことと、英語が、軸の右側に要素を置くことが、単なる偶然であったら、そして、世界の言語も、このような軸を持っているとすれば、世界の言語が、日本語のように左側タイプであるか、英語のように右側タイプであるかは、フィフティ・フィフティ、別の言葉で言えば、トントンであるということになります。実際は、どうでしょうか？ 面白いことに、世界の言語の約45％は、日本語タイプ、そして、別の約45％は、英語タイプなのです。トントンです。ですから、本当に、ルーレットを回して、偶然、日本語タイプになるか英語タイプになるかというようなことが起きているようです。残りの10％は、ちょっとおもしろい状況です。日本語と英語と違って、動詞が、先頭に来る言語です。これらの言語については、続く章で見ていきます。

　もし世界の言語が、ほとんど、日本語タイプか英語タイプであるなら、私たち日本人には、結構都合がいい世界になっています。私たちは、日本語を知っているので、世界の約45％の言語について、語順が同じですから、単語さえ分かれば、ほぼすぐに理解できます。さらに、日本では、もう小学校から英語を学び始めますから、世界の別の約45％の言語についても、英語と語順が同じですから、単語さえ分かれば、ほぼすぐに理解できます。実際に、英語を学んだことがある方なら、フランス語やスゥエーデン語を理解することは、それほど大変ではありません。また、私たちは、日本語を知っているので、同じタイプの韓国語やモンゴル語を理解することは、文字や単語の違いはありますが、驚くほど簡単なことです。日本語を母語に生まれ、英語を小学校から学べる環境で生まれて、よかったですね。人生が、とても気楽になります。

16章　語順の話：アイルランド語

言いたいこと：**アイルランド語は、動詞が一番。**

　前の章で見たように、世界の言語は、動詞が文の一番最後に来るものと、真ん中あたりに来るもので、だいたい90％ほどになります。もう一つ残っているパターンは、動詞が、文の一番最初に来るものです。こんな言語があるでしょうか？　はい、あります。残りの10％くらいは、動詞が文の先頭に来ます。その一例として、この章では、アイルランド語を見ます。

　アイルランド語は、大きく分けると、インド・ヨーロッパ語の中のケルト語の一つです。ちなみに、英語は、インド・ヨーロッパ語の中のゲルマン語の一つです。英語は、動詞が、文の真ん中あたりに来ますが、アイルランド語は、以下で見るように、文の一番最初に来ます。

　まず、単文を見ます。まずは、自動詞を使った文です。

(1)　Chaoin　Seán.
　　　フーン　　ショーン
　　　泣いた　　ショーン
　　　'ショーンが泣いた。'

(2)　Shnámh　Seán.
　　　ナウ　　　ショーン
　　　泳いだ　　ショーン

'ショーンが泳いだ。'

 (3) Tháinig Seán.
   ホーニッグ ショーン
   来た   ショーン
   'ショーンが来た。'

(1)-(3)は、主語と動詞だけの文です。すべて動詞が文の先頭に来ています。

 次は、(3)を使って、それに副詞を足してみます。

 (4) Tháinig Seán anseo.
   ホーニッグ ショーン アンショー
   来た   ショーン ここに
   'ショーンがここに来た。'

(4)では、副詞 *anseo*「ここに」が(3)に足されています。その場合、副詞は、文の一番最後に来ます。同じように、(5)においても、場所を示す表現が、文の最後に来ています。

 (5) Tháinig Seán go Tokyo.
   ホーニッグ ショーン ゴ トゥキョウ
   来た   ショーン に 東京
   'ショーンが東京に来た。'

(5)においては、場所を示す表現「東京に」の「に」は、*go* でしたが、「映画に」の場合は、「映画」が土地の名前ではないため、*chuig*「に」が使われます。

(6) Chuaigh　Seán　　chuig　　an　scannán.
　　 フイ　　　ショーン　フイッグ　ア　スカナーン
　　 行った　　ショーン　に　　　　その　映画
　　 'ショーンが映画に行った。'

(7)では、「来た」の代わりに、「行った」を使っています。行った場所が、土地を示す表現であるので、「東京に」の「に」は、goとなります。

(7) Chuaigh　Seán　　go　Tokyo.
　　 フイ　　　ショーン　ゴ　トゥキョウ
　　 行った　　ショーン　に　東京
　　 'ショーンが東京に行った。'

続いて、他動詞を使った例を見ます。

(8) Cheannaigh　Seán　　carr.
　　 ヒャーヌィ　　ショーン　カール
　　 買った　　　ショーン　車
　　 'ショーンが車を買った。'

(8)では、動詞cheannaigh「買った」が最初に来て、次に主語Seán、そして、次に目的語carr「車」が来ます。つまり、動詞-主語-目的語の順です。(8)のcarr「車」は、どんな名前の車かはわかりませんが、とにかく、一台であることを意味しています。もし、特定の車のことが言いたければ、(9)のように言います。

(9) Cheannaigh　Seán　　an　carr.
　　 ヒャーヌィ　　ショーン　ン　カール
　　 買った　　　ショーン　その　車
　　 'ショーンがその車を買った。'

(9) の *an carr* は、適当な一台の車ではなくて、(9) の文を話している人が、もう、その車の名前も知っている状態の車で、だからこそ、「その車」という意味になります。

(10) では、一つの文の中に人が二人出てくる例です。

 (10) Mhol Seán Máire.
    ウォール ショーン モーィレ
    褒めた ショーン モーィレ
    'ショーンがモーィレを褒めた。'

(10) では、動詞 *mhol*「褒めた」が最初に来て、次に主語 *Seán*（男性の名前）、そして、次に目的語 *Máire*（女性の名前）が来ます。この *Seán-Máire* の順番は、とても重要で、絶対に、先に来たほうが、主語で、「*Seán* が」という意味になり、後に来たほうが、目的語で、「*Máire* を」となります。このことからも、アイルランド語は、完全に、動詞-主語-目的語の語順の言語であることがわかります。もし、(11) のように言ったら、意味は、全く違うものになります。

 (11) Mhol Máire Seán.
    ウォール モーィレ ショーン
    褒めた モーィレ ショーン
    'モーィレがショーンを褒めた。'

(11) では、主語が *Máire* で、目的語が *Seán* になります。同じことが、(12) と (13) でも見られます。

 (12) Chonaic Seán Máire.
    ホーニック ショーン モーィレ
    見た   ショーン モーィレ
    'ショーンがモーィレを見た。'

(13) Chonaic   Máire   Seán.
　　 ホーニック モーィレ ショーン
　　 見た   モーィレ ショーン
　　 'モーィレがショーンを見た。'

(12) では、主語が *Seán* で、目的語が *Máire* である一方、(13) では、主語が *Máire* で、目的語が *Seán* です。

次に、目的語二つ他動詞の例を見てみましょう。(14) では、*thug*「あげた」という他動詞、(15) では、*chuir*「送った」という他動詞が使われています。

(14) Thug   Máire   úllaí   do   Sheán.
　　 ホグ   モーィレ ウールィー   ド   ヒョーン
　　 あげた モーィレ りんご   に   ショーン
　　 'モーィレがショーンにりんごをあげた。'

(15) Chuir   Máire   úllaí   chuig   Seán.
　　 ファィル モーィレ ウールィー   フイッグ ショーン
　　 送った モーィレ りんご   に   ショーン
　　 'モーィレがショーンにりんごを送った。'

「ショーンに」が、(14) では、*do Sheán* として表されている一方で、(15) では、*chuig Seán* として表されています。さらに、(14) では、前置詞の *do* が次に来る語の発音に影響を与えていて、*Seán*「ショーン」ではなくて、*Sheán*「ヒョーン」と発音されます。これは、日本語や英語では見かけない音の現象です。

続いて、埋め込み文を見てみましょう。(16) では、動詞 *creideann*「思っている」、(17) では、動詞 *dúirt*「言った」が主文に来ています。

(16) Creideann   Máire   gur   cheannaigh   Seán   carr.
     クレデン   モーィレ グル   ヒャーヌィ   ショーン カール
     思っている   モーィレ と   買った   ショーン 車
     'モーィレが、ショーンが車を買ったと思っている。'

(17) Dúirt   Máire   gur   cheannaigh   Seán   carr.
     ドゥットゥ   モーィレ グル   ヒャーヌィ   ショーン カール
     言った   モーィレ と   買った   ショーン 車
     'モーィレが、ショーンが車を買ったと言った。'

(16) と (17) ともに、埋め込み文は、gur「と」から始まっています。その内部では、動詞-主語-目的語「買った　ショーンが　車を」の順で、動詞が先頭に来ています。もちろん、主文においても、動詞-主語「言った　モーィレが」の順で、動詞が先頭に来ています。

次は、付け足し文を見てみましょう。まずは、関係節を含む文から。

(18) Chonaic   Pól   an   carr   [a   cheannaigh   Seán].
     ホーニック   ポール   ン   カール ア   ヒャーヌィ   ショーン
     見た   ポール   その   車を   買った   ショーン
     'ポールが、ショーンが買った車を見た。'

(18) では、a cheannaigh Seán「ショーンが買った」が関係節となって、carr「車」を修飾しています。a は、関係節が始まるという記号です。関係節の内部では、動詞-主語「買った　ショーンが」の順で、動詞が先頭に来ています。もちろん、主文においても、動詞-主語「見た　ポールが」の順で、動詞が先頭に来ています。

次は、理由を表す付け足し文を見てみましょう。

(19) [Cionnas go bhfuair sé a thuarastal],
キョナス ゴ ヴァイル シェー ア フアラスタル
ので　　　もらった　彼　自分の　給料

cheannaigh Seán an leabhar.
ヒャーヌィ ショーン ア リャーワル
買った　　ショーン　その　本

'給料をもらったので、ショーンはその本を買った。'

(19)では、[…]で示す部分が、理由を表す付け足し文になっています。やはり、[…]の中でも、動詞-主語-目的語の順番は変わりません。そして、その動詞-主語-目的語の前に、*cionnas go*「ので」が来ています。

続いて、時間を表す付け足し文を見てみましょう。

(20) [Nuaira fuair sé a thuarastal],
ヌアラ フアイル シェー ア フアラスタル
時　　　もらった　彼　自分の　給料

cheannaigh Seán an leabhar.
ヒャーヌィ ショーン ア リャーワル
買った　　ショーン　その　本

'給料をもらった時、ショーンはその本を買った。'

(21) [Chomh luath agus a fuair sé a thuarastal],
ホ　　ルア　アーガス ア フアイル シェー ア フアラスタル
すぐに　　　　　　　　　　もらった 彼　自分の 給料

cheannaigh Seán an leabhar.
ヒャーヌィ ショーン ア リャーワル
買った　　ショーン　その　本

'給料をもらうとすぐに、ショーンはその本を買った。'

(22) [Go   dtí   go bhfuair   sé   a   thuarastal],
     フィ   ディ   ゴ ワイル   シェー   ア   フアラスタル
     まで   もらった   彼   自分の   給料

     níor   cheannaigh   Seán   an   leabhar.
     ニール   ヒャーヌィ   ショーン   ア   リャーワル
     ない   買った   ショーン   その   本

     '給料をもらうまで、ショーンはその本を買わなかった。'

(23) [Sula   bhfuair   sé   a   thuarastal],
     スラ   ワイル   シェー   ア   フアラスタル
     前に   もらった   彼   自分の   給料

     cheannaigh   Seán   an   leabhar.
     ヒャーヌィ   ショーン   ア   リャーワル
     買った   ショーン   その   本

     '給料をもらう前に、ショーンはその本を買った。'

(20)-(23)では、[...]で示す部分が、時間を表す付け足し文になっています。理由の付け足し文と同じように、[...]の中では、動詞-主語-目的語の順番になっています。そして、その動詞-主語-目的語の前に、時間を表す表現が来ています。

次に、仮定を表す付け足し文を見てみましょう。

(24) [Dá   bhfaigheadh   sé   a   thuarastal],
     ダー   ウイー   シェー   ア   フアラスタル
     ら   もらった   彼   自分の   給料

     cheananódh   Seán   an   leabhar.
     ヒャノー   ショーン   ア   リャーワル
     買うだろう   ショーン   その   本

     '給料をもらったら、ショーンはその本を買うだろう。'

(25) [Fiú   dá   bhfaigheadh sé   a   thuarastal],
     ヒュー ダー   ウィーク   シェー ア   フアラスタル
     ても   もらっ   彼   自分の 給料
     ní   cheannódh Seán   an   leabhar.
     ニー ヒャノー   ショーン ア   リャーワル
     ない 買うだろう ショーン その 本
     '給料をもらっても、ショーンはその本を買わないだろう。'

(24) と (25) では、[...] で示す部分が、仮定を表す付け足し文になっています。理由・時間の付け足し文と同様に、[...] の中では、動詞-主語-目的語の順番になっています。そして、その動詞-主語-目的語の前に、仮定を表す表現が来ています。

最後に、比較を表す付け足し文を見てみましょう。

(26) Cheananigh Máire níos mó   leabharthaí [ná
     ヒャーヌィ   モーィレ ニース ムー リャウルィー ヌー
     買った   モーィレ たくさん   本   より
     rinne   Seán].
     リネ   ショーン
     買った／そうした ショーン
     'モーィレは、ショーンが買ったよりも、たくさん本を買った。'

(26) では、[...] で示す部分が、比較を表す付け足し文になっています。比較の対象となっているのは leabharthaí「本」の数で、これは、主文に表わされているため、付け足し文の中では繰り返されません。そして、その付け足し文の中では、やはり、動詞-主語の順番になっており、その前に、比較を示す表現が来ています。

このように、アイルランド語では、主文においても、埋め込み文においても、さらには、付け足し文においても、すべて、動詞が先頭に来ています。動詞が最後にくる日本語とは、正反対の性質を持っています。

17章　語順の話：セラヤリーズ語

言いたいこと：**セラヤリーズ語も、動詞が一番。でも、癖がすごい。**

　インドネシアにセラヤ島という島があります。その島で話されている言葉が、セラヤリーズ語です。セラヤリーズ語も、アイルランド語と同じように、動詞が先頭に来ます。ただし、少し違いがあるので、それも紹介します。

　セラヤリーズ語は、アイルランド語と同じように、動詞が先頭にくる言語です。ところが、一つ大きい違いがあります。専門用語を使うと、アイルランド語は、対格言語の一つ、セラヤリーズ語は、能格言語の一つです。対格言語においては、自動詞の主語と他動詞の主語には、同じ「が」のような助詞が付くか、全く何も付かないかのどちらかです。日本語では、自動詞でも他動詞でも、主語には、「が」が付きます。(1) と (2) を見てください。

　(1)　たけし君が泳いだ。

　(2)　たけし君がきよし君を褒めた。

ですから、日本語は、対格言語の一つです。アイルランド語では、自動詞でも他動詞でも、主語に、何も付きません。

(3)　Shnámh　Seán.
　　　フナーブ　ショーン
　　　泳いだ　　ショーン
　　　'ショーンが泳いだ。'

(4)　Mhol　Seán　Máire.
　　　ホル　　ショーン　モーィレ
　　　褒めた　ショーン　モーィレ
　　　'ショーンがモーィレを褒めた。'

ですから、アイルランド語も、対格言語の一つです。

　ところが、セラヤリーズ語は、ちょっと違います。以下で見るように、セラヤリーズ語では、自動詞の主語と他動詞の目的語があれば、同じ助詞のようなものが動詞に付きます。(5)は、自動詞の例、(6)は、他動詞の例です。

(5)　ak-kelong-i　i Baso.
　　　アッケロンギ　イバーソ
　　　歌った　　　　バソ
　　　'バソが歌った。'

(6)　la-jañjang-i　i Ali　i Baso.
　　　ラジャンジャン-イ　イアーリ　イバーソ
　　　見た　　　　　　　アリ　　　バソ
　　　'バソがアリを見た。'

まず、注目する点は、動詞の最後に -i という印が、自動詞でも他動詞でも付いていることです。これは、(5)では、自動詞の主語の i Baso「バソ」を指し、また、(6)では、他動詞の目的語の i Ali「アリ」を指しています。では、他動詞の主語があれば、動詞に、いったい何が付くでしょう

か？ (6) で分かる通り、それは、*la-* です。この *la-* は、他動詞の主語を指しています。つまり、自動詞では、主語を表すものは、*-i* で、他動詞では、主語を表すものが、*la-* です。このように、自動詞の主語と他動詞の主語が、同じように振舞わず、自動詞の主語と他動詞の目的語がある場合、それらが、動詞に同じ助詞のようなものを付けて、まるで、同じように振舞うような言語を、専門用語で、能格言語と言います。セラヤリーズ語が、まさに、能格言語の一つの例です。世界には、大きく、日本語のような対格言語と、セラヤリーズ語のような能格言語があります。

　もう一つ、セラヤリーズ語の自動詞に面白い特徴があります。(5) の自動詞の先頭に、*ak* という助詞のようなものが付いています。これは、動詞が、「私は、自動詞ですよ」と教えてくれる自動詞記号です。はっきりと、「私は、他動詞ではなく、自動詞です。」と叫んでいるようなものです。

　これらをもとに、自動詞を表す助詞のようなものを「自」、主語を表す助詞のようなものを「主」、そして、目的語を表す助詞のようなものを「目」として、(5) と (6) の例をもう少し詳しく書くと、(7) と (8) のようになります。

(7) ak-kelong-i　　i Baso.
　　アッケロンギ　イバーソ
　　自-歌った-主　バソ
　　'バソが歌った。'

(8) la-jañjang-i　　　i Ali　　i Baso.
　　ラジャンジャンイ　イアーリ　イバーソ
　　主-見た-目　　　　アリ　　　バソ
　　'バソがアリを見た。'

　それでは、このような知識を持って、セラヤリーズ語の単文を見ていきましょう。まずは、自動詞を持っている例を見ます。(9)-(12) は、主語

と動詞だけの文です。すべて動詞が文の先頭に来ています。

(9) ng-arrang-i　　i Baso.
　　ナランニ　　　イバーソ
　　自-泣いた-主　バソ
　　'バソが泣いた。'

(10) aʔ-lange-i　　i Baso.
　　アッランゲイ　イバーソ
　　自-泳いだ-主　バソ
　　'バソが泳いだ。'

(11) mange-i　　ri Tokyo　　i Baso.
　　マンゲイ　　リ トーキョー　イバーソ
　　行った-主　に 東京　　　　バソ
　　'バソが東京に行った。'

(12) battu-i　　ri　　Tokyo　　i Baso.
　　バットゥイ　リ　　トーキョー　イバーソ
　　戻った-主　から　東京　　　　バソ
　　'バソが東京から戻った。'

面白いことに、(9) と (10) の例では、文の先頭に、「私は、自動詞です」と叫ぶ記号 *ng* と *aʔ* が付いていますが、(11) と (12) の例では、そのような記号が付いていません。セラヤリーズ語では、動詞「行く」や「来る」などは、ちょっと特別で、そのような記号を必要としていません。

　続いて、他動詞を使った例を見ます。ちょっとアイルランド語と違うので、注意して見ていきましょう。

(13)　la-alle-i　　　i Baso　　　kanre-njo.
　　　ラアレイ　　　イバーソ　　カンレンジョ
　　　主-取った-目　バソ　　　　食べ物-その
　　　'バソがその食べ物を取った。'

(14)　la-alle-i　　　kanre-njo　　i Baso.
　　　ラアレイ　　　カンレンジョ　イバーソ
　　　主-取った-目　食べ物-その　バソ
　　　'バソがその食べ物を取った。'

セラヤリーズ語では、動詞が先頭に来る点は、アイルランド語と同じですが、主語と目的語の順番は、どちらでもかまいません。(13)のように、主語 *i Baso*「バソが」が先に来て、目的語 *kanre-njo*「その食べ物を」が後に来ても正しい文であるし、(14)のように、主語 *i Baso*「バソが」が後に来て、目的語 *kanre-njo*「その食べ物を」が先に来ても正しい文です。(13)は、動詞-主語-目的語の順、(14)は、動詞-目的語-主語の順です。セラヤリーズ語の他動詞の場合、動詞の前後に、主語と目的語を示す助詞のようなものが、主語-目的語の順に既に付けられているので、(13)や(14)の場合は、その動詞の後ろに、主語が先に来ても、目的語が先に来ても、全く迷うことがありません。ただし、主語も目的語も人である場合は、話されている状況を見なければ、どちらが主語か目的語かわかりません。(15)の例を見てください。

(15)　la-puji-i　　　i Ali　　i Baso.
　　　ラプギイ　　　イアーリ　イバーソ
　　　主-褒めた-目　アリ　　　バソ
　　　'バソがアリを褒めた。'
　　　'アリがバソを褒めた。'

(15)では、動詞の後に、*i Ali*「アリ」と *i Baso*「バソ」という人物名が二

つ来ています。状況から判断しなければ、どちらが主語か、どちらが目的語か分かりません。以下では、分かりやすくするために、動詞-目的語-主語の例だけを示していきます。

　ただし、一つ注意することがあります。(13)-(15) の例は、目的語が、はっきりした特定のものでした。例えば、「その食べ物」とか「バソ」という人物とか。ところが、(16) のように、食べ物が、「その食べ物」ではなく、誰のものでもない不特定な「食べ物」であると、状況が少し変わってきます。

　(16)　(a)ng-alle-i　　kanre　　i Baso.
　　　　（ア）ンガレイ　カンレ　イバーソ
　　　　自-取った-主　食べ物　バソ
　　　　'バソが食べ物を取った。'

驚くことに、(16) では、他動詞 alle「取った」の前に、自動詞を示す (a)ng が来ています。そして、その動詞の後ろに、主語を示す i が来ています。他動詞で、主語も目的語も持っているのに、動詞の形が、自動詞の形になってしまっています。これは、目的語が、「その」がつくような特定のものでないことが原因です。そのような場合は、あたかも、目的語と動詞が一つのユニットのようになって、まるで自動詞のように振舞うということです。ですから、(16) は、言ってみれば、(17) のようなことになっていると言えます。

　(17)　[(a)ng-alle-i　　kanre]　i Baso.
　　　　（ア）ンガレイ　カンレ　イバーソ
　　　　自-取った-主　食べ物　バソ
　　　　'バソが食べ物を取った。'

つまり、「食べ物を取った」が一つの塊になって、まるで、「食べ物取りをした」のような一つの動詞のようになっているということです。そして、

このようなユニット動詞が、まるで、自動詞のように働くということです。
　次に、目的語二つ他動詞の例を見てみましょう。まず、(18)の例を見ましょう。sare「あげた」という他動詞が使われています。

(18)　la-sare-ang-i　　　　i Ali　　　kanre-njo　　i Baso.
　　　ラサレアンギ　　　　イアーリ　　カンレンジョ　イバーソ
　　　主-あげた-直目-間目　アリ　　　食べ物-その　　バソ
　　　'バソがアリにその食べ物をあげた。'

動詞 sare「あげた」にいろいろくっ付いています。まず、主語「バソ」を表す la、次に動詞 sare、次に直接目的語「その食べ物」を表す ang、そして、間接目的語「アリ」を表す i です。もう最初の動詞の中に、すべての必要な情報が入っているようなものです。
　もう一つ、目的語二つ他動詞の例を見てみます。(19)の例を見ましょう。kiring「送った」という他動詞が使われています。

(19)　la-kiring-i-ang-i　　　　i Ali　　　kanre-njo　　i Baso.
　　　ラキリンギアンギ　　　　イアーリ　　カンレンジョ　イバーソ
　　　主-送った-他-直目-間目　アリ　　　食べ物-その　　バソ
　　　'バソがアリにその食べ物を送った。'

(19)においても、動詞 kiring「送った」にいろいろくっついています。まず、主語「バソ」を表す la、次に動詞 kiring、そして、次に i が付いています。これは、初めて見るものです。この i は、他動詞記号と呼びます。これは、ちょうど、(7) = (20) の例で見た自動詞の場合に動詞の先頭に出てくる自動詞記号 ak のようなものです。

(20)　ak-kelong-i　　　i Baso.　　　　　(= (7))
　　　アッケロンギ　　　イバーソ
　　　自-歌った-主　　　バソ

17章　語順の話：セラヤリーズ語

'バソが歌った。'

この ak は、動詞が、「私は、自動詞ですよ」と教えてくれる自動詞記号です。

そして、その他動詞記号 i の次に、直接目的語「その食べ物」を表す ang、そして、間接目的語「アリ」を表す i が続いています。どうして、目的語二つ他動詞の中の kiring「送った」という他動詞だけに、この他動詞記号 i が現れるかは、まだよく分かっていません。

続いて、埋め込み文を見てみましょう。(21) では、動詞 isseʔ「知っている」、(22) では、動詞 pau「言った」が主文に来ています。

(21)　la-isseʔ-i　　i Ali　　lako　la-alle-i　　kanre-njo　i Baso.
　　　ライセイ　　イアーリ　ラコ　ラアレイ　　カンレンジョ　イバーソ
　　　主-知った-目　アリ　　と　　主-取った-目　食べ物-その　バソ
　　　'アリは、バソがその食べ物を取ったと知った。'

(22)　la-pau-i　　　i Ali　　lako　la-alle-i　　kanre-njo　i Baso.
　　　ラパウイ　　　イアーリ　ラコ　ラアレイ　　カンレンジョ　イバーソ
　　　主-言った-目　アリ　　と　　主-取った-目　食べ物-その　バソ
　　　'アリは、バソがその食べ物を取ったと言った。'

(21) と (22) ともに、埋め込み文は、lako「と」から始まっています。その内部では、動詞-目的語-主語「取った　食べ物-その　バソ」の順で、動詞が先頭に来ています。もちろん、主文においても、動詞-主語「知った　アリ」と「言った　アリ」の順で、動詞が先頭に来ています。

次は、付け足し文を見てみましょう。まずは、関係節を含む文から。

(23)　la-janjang-i　　i Ali　　[oto　(nu-)la-halli-njo　i Baso].
　　　ラジャンジャンイ　イアーリ　オト　（ヌ-）ラハリンジョ　イバーソ
　　　主-見た-目　　　アリ　　車　　主-買った-その　　バソ

'アリが、バソが買った車を見た。'

(23) では、(nu-)la-halli-njo i Baso「バソが買った」が関係節となって、oto「車」を修飾しています。nu は、関係節が始まるという記号です。関係節の内部では、動詞-主語「買った バソが」の順で、動詞が先頭に来ています。もちろん、主文においても、動詞-主語「見た アリが」の順で、動詞が先頭に来ています。

次は、理由を表す付け足し文を見てみましょう。

(24) [ka　la-tarima-mo-i　gaji-na　i Baso],
　　　カ　ラタリーマモイ　ガジーナ　イバーソ
　　　ので　主-もらっ-た-目　給料-自分の　バソ
　　　la-halli-mo-i　buku-njo.
　　　ラハリイモイ　ブクンジョ
　　　主-買っ-た-目　本-その
　　　'給料をもらったので、バソはその本を買った。'

(24) では、[...] で示す部分が、理由を表す付け足し文になっています。やはり、[...] の中でも、動詞が先頭です。そして、その動詞の前に、ka「ので」が来ています。

続いて、時間を表す付け足し文を見てみましょう。

(25) [na-la-tarima-mo-i　gaji-na　i Baso], la-halli-mo-i buku-njo.
　　　ナラタリーマモイ　ガジーナ　イバーソ　ラハリイモイ　ブクンジョ
　　　時-主-もらっ-た-目　給料-自分の　バソ　　主-買っ-た-目　本-その
　　　'給料をもらった時、バソはその本を買った。'

(25) では、[...] で示す部分が、時間を表す付け足し文になっています。理由の付け足し文と同じように、[...] の中では、動詞-主語-目的語の順番になっています。そして、その動詞-主語-目的語の前に、時間を表す

表現 *na*「時」が来ています。

　このように、アイルランド語と同じ様に、セラヤリーズ語でも、主文においても、埋め込み文においても、さらには、付け足し文においても、すべて、動詞が先頭に来ています。

18章　アイルランド語の「何」の話

言いたいこと：**アイルランド語は、こきざみに動く。**

　人間言語の疑問文は、とてもおもしろいことを教えてくれます。アイルランド語の疑問文もそうです。アイルランド語の疑問文は、「何」などの疑問語が、こきざみに動くという、不思議な現象を見せてくれます。

　以下では、例として、目的語が疑問語である疑問文を見ていきます。アイルランド語は、動詞が先頭に来る言語です。ですから、単文は、(1) のような語順になっています。

(1)　Cheannaigh　Máire　　carr.
　　　ヒャーヌィ　　モーィレ　カール
　　　買った　　　モーィレ　車
　　　'モーィレは、車を買った。'

つまり、動詞-主語-目的語の順です。(1) の中の *carr*「車」について、モーィレがいったい何を買ったか分からなければ、それを疑問語に変えて聞きます。アイルランド語では、(2) のように聞きます。

(2)　Cad é a　　cheannaigh　Máire　　[ ]?
　　　カデー　　ヒャーヌィ　　モーィレ
　　　何　Q　　買った　　　モーィレ

'モーィレは、何を買ったの？'

(2) では、(1) の carr「車」を cad é「何」に変えて、文の先頭に出して聞きます。分かりやすいように、もともと cad é「何」があった場所に[ ]を置いて、cad é「何」が動詞 cheannaigh「買った」の目的語であったことを示しておきます。ここで一つ注意することがあります。疑問文にしたら、突然、a という助詞のようなものが cad é「何」の後に出てきました。分かりやすいように、ここでは、疑問 (Question) を示すものですよという意味で、a「Q」と書いておきます。この助詞のようなものがないと、疑問文としては、全くおかしな文となってしまいます。

(3) *Cad é　　cheannaigh　Máire　　　[ ]?
　　 カデー　　ヒャーヌィ　　モーィレ
　　 何　　　 買った　　　　モーィレ
　　 'モーィレは、何を買ったの？'

ちょうど、日本語でも、疑問文で、文末に「か」をつけないで、上がり調子（↑）ではなく、下がり調子（↓）に言ったら、おかしくなるのと似ています。

(4)　なぎささんは、何を買いましたか？　↑

(5) *なぎささんは、何を買いました。　　↓

(2) は、最も簡単な疑問文なので、疑問語の cad é「何」がこきざみに動いていることは、見えません。しかし、もう少し長い疑問文を見ると、見えてきます。まず、疑問文のもととなる埋め込み文を持った文を見てみましょう。埋め込み文は、[...] で示しています。

(6) Dúirt   Seán   [gur   cheannaigh   Máire   carr].
    ドゥットゥ   ショーン グル   ヒャーヌィ   モーィレ   カール
    言った   ショーン と   買った   モーィレ   車
    'ショーンは、モーィレが車を買ったと言った。'

(6) では、主文の動詞 dúirt「言った」が、gur「と」から始まる埋め込み文を後ろに持っています。(2) より、埋め込み文の分だけ、長くなっています。さて、ここでまた、carr「車」を cad é「何」に変えて、文の先頭に出して聞きます。すると、(7) のようになります。

(7) Cad é a   dúirt   Seán   [a   cheannaigh   Máire   [ ]]?
    カデー   ドゥットゥ ショーン ア   ヒャーヌィ   モーィレ
    何   Q   言った   ショーン Q   買った   モーィレ
    'ショーンは、モーィレが何を買ったと言ったの？'

(7) では、主文の先頭に、cad é「何」が、埋め込み文の [ ] の位置から移動していきました。なかなか長い距離です。そして、この文は、アイルランド語では、完璧な疑問文です。ここでちょっと不思議なことが起きていることに気付きませんか？ そうです。埋め込み文の先頭の gur「と」にあたる部分が、a「Q」に変わっています。では、もし、埋め込み文の先頭が gur「と」のままだったら、どうなるでしょうか？ はい、(8) で見るように、アイルランド語としては、全くだめな疑問文になってしまいます。

(8) *Cad é a   dúirt   Seán   [gur   cheannaigh   Máire   [ ]]?
    カデー   ドゥットゥ ショーン グル   ヒャーヌィ   モーィレ
    何   Q   言った   ショーン   と   買った   モーィレ
    'ショーンは、モーィレが何を買ったと言ったの？'

これは、いったい何を意味しているのでしょうか？ 疑問文には、それぞれ、疑問語の cad é「何」と、それがもともとあった場所の [ ] がありま

す。分かりやすいように、移動の状況を線を引いて表せば、(2) は、(9) のようになります。

(9) Cad é a cheannaigh Máire [ ]?
　　カデー　　ヒャーヌィ　　モーィレ
　　何　Q　買った　　モーィレ
　'モーィレは、何を買ったの？'

同じように、(7) は、(10) のようになります。

(10) Cad é a dúirt Seán [a cheannaigh Máire [ ]]?
　　カデー　　ドゥットゥ　ショーン　ア　ヒャーヌィ　モーィレ
　　何　Q　言った　ショーン　Q　買った　モーィレ
　'ショーンは、モーィレが何を買ったと言ったの？'

ところが、(7) が (10) のようになっているのなら、(8) も同じように、(11) のようになっていて、全く差がありません。

(11) *Cad é a dúirt Seán [gur cheannaigh Máire [ ]]?
　　カデー　　ドゥットゥ　ショーン　グル　ヒャーヌィ　モーィレ
　　何　Q　言った　ショーン　と　買った　モーィレ
　'ショーンは、モーィレが何を買ったと言ったの？'

それでは、いったい (10) と (11) では、何が決定的に異なるのでしょうか？　はっきりしているのは、(11) では、埋め込み文の先頭が、gur「と」のままですが、(10) では、それが、a「Q」に変わっていることです。しかし、なぜ、そもそも、gur「と」が a「Q」に変わってしまうんでしょうか？　これが理科の時間なら、なんだか不思議な化学変化が起きているかのようです。でも、ひょっとすると、本当に化学変化が起きているかも

しれません。名探偵コナンなら、こんなふうに言うかもしれません。「容疑者 cad é「何」が、最初にいた場所 [ ] から、発見地点である文頭に行くまでの間に、全く寄り道をしないで行ったとしたら、どこにも、証拠を残さなかったはずだ。しかし、最初にいた場所 [ ] と発見地点の間に、容疑者のものと思われる物証が、はっきりと残っている。それが、a「Q」だ！容疑者は、おそらくだが、一気に発見地点に行くには、体力が残っていなかったんだろう。そこで、いったん、中間地点の gur「と」の場所で、休憩をした。ところが、この容疑者は、運が悪かったようだ。そんなところで休憩をしたもんだから、汗をひとしずく落としてしまった。そのおかげで、gur「と」が化学反応を起こして、a「Q」に変わってしまったんだ。容疑者にもっと体力があれば、一気に目的地にまで駆け抜けられたのに、そうでなかったばっかりに、中間地点で証拠を残してしまった。それが運のつきってやつだな。」と。

　もし、名探偵コナンが正しければ、(10) は、本当は、(12) で示すように、cad é「何」が一つ飛びに移動したのではなく、二段階で移動したのではないかということです。

(12) Cad é a dúirt Seán [a cheannaigh Máire [ ]]?
　　カデー　ドゥットゥ　ショーン　ア　ヒャーヌィ　モーィレ
　　何　　 Q　言った　ショーン　Q　買った　　　モーィレ
　　'ショーンは、モーィレが何を買ったと言ったの？'

もしこの考え方（仮説）が正しければ、アイルランド語では、疑問語 cad é「何」は、gur「と」を目掛けて、こきざみに移動するという性質を持っていることになります。同時に、化学反応を起こして、gur「と」を a「Q」に変えながら。この考え方が正しければ、アイルランド語では、(11) がだめな文であることがすぐにはっきりします。本当は、cad é「何」は、できるだけ近い所に着地したかったのに、一気に、文頭にまで移動してし

まっているからです。それでは、ここで、この仮説を (13) にまとめておきましょう。

(13) *cad é*「何」は、文頭に到着するまでに、*gur*「と」を目掛けて、こきざみに移動する。

では、このこきざみ移動仮説が本当に正しいかどうか確認するために、より複雑な例を見てみましょう。そのために、まず、(14) の埋め込み文が二つある例を見てください。

(14) Creideann　Pól　　[gur　　dhúirt　Seán
　　　ヘージェン　ポール　グルー　　　ショーン
　　　思っている　ポール　と　　　言った　ショーン
　　　[gur　　cheannaigh　Máire　　carr]].
　　　グル　　ヒャーヌィ　　モーィレ　カール
　　　と　　　買った　　　　モーィレ　車
　　　'ポールは、[ショーンが [モーィレが車を買ったと] 言ったと] 思っている。'

(14) は、埋め込み文を二つ持っているので、少し理解しにくいですが、(15) のように言い換えると、分かりやすくなります。

(15) 'モーィレが車を買ったと、ショーンが言ったと、ポールが思っている。'

日常生活では、これほど長い文は、ほぼ使いませんが、(14) は、アイルランド語として、また、(15) は、日本語として正しい文です。では、(14) の *carr*「車」を *cad é*「何」に変えて、文の先頭に出して聞いてみます。すると、(16) のようになります。

(16) Cad é a   chreideann   Pól   [a   dúirt   Seán
     カデー   シェージェン   ポール   ア   ドゥッ   ショーン
     何   Q 思っている   ポール   Q   言った   ショーン
     a   cheannaigh   Máire   [ ]]?
     ア   ヒャーヌィ   モーィレ
     Q   買った   モーィレ
     'ポールは、ショーンがモーィレが何を買ったと言ったと思っているの？'

上で到達した仮説 (13) が正しければ、(16) の中の gur「と」は、すべて a「Q」に変わっているはずです。そして、実際に、そうなっています。分かりやすくするために、移動の状況を線を引いて表します。

(17) Cad é a   chreideann   Pól   [a   dúirt   Seán
     カデー   シェージェン   ポール   ア   ドゥッ   ショーン
     何   Q 思っている   ポール   Q   言った   ショーン
     a   cheannaigh   Máire   [ ]]?
     ア   ヒャーヌィ   モーィレ
     Q   買った   モーィレ
     'ポールは、ショーンがモーィレが何を買ったと言ったと思っているの？'

このことから、アイルランド語の疑問語の移動に関する仮説 (13) は、正しそうであると言えそうです。仮説 (13) がさらに正しいかどうか確認するために、もう少し例を見る必要があります。仮説 (13) が正しければ、途中に、gur「と」がある例は、すべてだめな文であることを予測します。本当にそうかどうか、見てみましょう。まず、gur「と」が二つとも残っている例です。

18章 アイルランド語の「何」の話

(18) *Cad é a chreideann Pól   [gur   dhúirt   Seán
     カデー シェージェン ポール グルー   ショーン
     何   Q 思っている ポール と   言った ショーン
     [gur   cheannaigh Máire   [ ]]]?
     グル ヒャーヌィ モーィレ
     と   買った   モーィレ
     'ポールは、ショーンがモーィレが何を買ったと言ったと思っているの？'

全くだめな文です。続いて、1番目の gur「と」が a「Q」に変わっている例です。

(19) *Cad é a chreideann Pól   [gur   dhúirt   Seán
     カデー シェージェン ポール グルー   ショーン
     何   Q 思っている ポール と   言った ショーン
     [a   cheannaigh Máire   [ ]]]?
     ア ヒャーヌィ モーィレ
     Q   買った   モーィレ
     'ポールは、ショーンがモーィレが何を買ったと言ったと思っているの？'

(19) も全くだめな文です。最後に、2番目の gur「と」が a「Q」に変わっている例です。

(20) *Cad é a chreideann Pól   [a   dúirt   Seán
     カデー シェージェン ポール ア   ドゥッ ショーン
     何   Q 思っている ポール Q   言った   ショーン
     [gur   cheannaigh Máire   [ ]]]?
     グル ヒャーヌィ モーィレ
     と   買った   モーィレ

'ポールは、ショーンがモーィレが何を買ったと言ったと思っているの？'

(20) も全くだめな文です。これら 3 つの文がどうしてだめになるか、それは、移動の状況を線で示せば、明らかです。(18)-(20) の例に線を入れたものは、(21)-(23) で示されます。

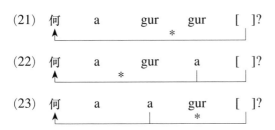

(21) では、*gur*「と」を二つ飛ばし、(22) では、1 番目の *gur*「と」を飛ばし、そして、(23) では、2 番目の *gur*「と」を飛ばし、どの場合も、*cad é*「何」が、文頭に到着するまでに、*gur*「と」を目掛けて、こきざみに移動していません。これは、明らかに、仮説 (13) で提示された内容とは異なっており、したがって、悪い文であると予測されます。このことから、仮説 (13) は、どうも、かなり正しそうであると結論付けられます。

しかし、少し不思議な気もします。こきざみに移動するより、一気に長距離移動する方が、簡単じゃないかと。あるいは、これは、アイルランド語に特有のことで、アイルランド語を話す人々は、少し、慎重すぎて、一気に移動したがらないんだと。しかしながら、もし、アイルランド語以外でも、このような慎重なこきざみな行動をするような現象が見られたら、それは、アイルランド語が特殊であるということではなく、ひょっとすると、人間の一部、あるいは、多くは、このような性質を持っていると言うことになるかもしれません。

次の章では、前の章で見たインドネシアのセラヤリーズ語の疑問文を見て、セラヤリーズ語を話す人々は、慎重なこきざみな行動を取るのか、あるいは、大胆に、一気に移動したがる人たちなのか、見ていきます。

19章　セラヤリーズ語の「何」の話

言いたいこと：**セラヤリーズ語も、こきざみに動く。**

　この章では、インドネシアのセラヤリーズ語の疑問文を観察し、「何」という疑問語が、アイルランド語と同じようにこきざみに動くという現象を見ます。

　以下では、例として、目的語が疑問語である疑問文を見ていきます。セラヤリーズ語も、動詞が先頭に来る言語です。ですから、単文は、(1)のような動詞-目的語-主語の語順になっています。

(1) 　la-alle-i　　　kanre-njo　　　i Baso.
　　 ラアレイ　　　カンレンジョ　　イバーソ
　　 主-取った-目　食べ物-その　　バソ
　　'バソは、その食べ物を取った。'

(1)の中の *kanre-njo*「その食べ物」について、バソがいったい何を取ったか分からなければ、それを疑問語に変えて聞きます。セラヤリーズ語では、(2)のように聞きます。

(2) 　apa　la-alle　　[ ]　i Baso?
　　 アパ　ラアレ　　　　　イバーソ
　　 何　　主-取った　　　 バソ

139

'バソは、何を取ったの？'

(2) では、(1) の kanre-njo「その食べ物」を apa「何」に変えて、文の先頭に出して聞きます。apa「何」のような疑問語を文頭に置くのは、アイルランド語と同じです。分かりやすいように、もともと apa「何」があった場所に [ ] を置いて、apa「何」が動詞 alle「取った」の目的語であったことを示しておきます。

さて、ここで一つ注意することがあります。(1) では、動詞は、la-alle-i「主-取った-目」と言う具合に、主語に対応する助詞のようなもの la と目的語に対応する助詞のようなもの i が付いていました。ところが、(2) では、目的語に対応する助詞のようなもの i が消えて、動詞は、la-alle「主-取った」になっています。もし、i が残っていれば、(3) で見るように、セラヤリーズ語の疑問文としては、全くおかしな文になってしまいます。

(3) *apa　la-alle-i　　[ ]　i Baso?
　　　アパ　ラアレイ　　　　　イバーソ
　　　何　　主-取った-目　　　バソ
　　'バソは、何を取ったの？'

あれあれ、何か、アイルランド語の疑問文のからくりと似たような臭いがしますね。いったい (2) と (3) で、何が決定的に異なっているかと言えば、(3) では、目的語に対応する助詞のようなもの i が動詞「取った」にくっ付いたままですが、(2) では、それが、消されているということです。しかし、なぜ、そもそも、i が消えてしまうんでしょうか？ また、名探偵コナンに登場してもらいましょう。

名探偵コナンなら、こんなふうに言うかもしれません。「容疑者 apa「何」が、最初にいた場所 [ ] から、発見地点である文頭に行くまでの間に、全く寄り道をしないで行ったとしたら、どこにも、証拠を残さなかったはずだ。しかし、最初にいた場所 [ ] と発見地点の間に、容疑者が犯

してしまったミスの痕跡が、はっきりと残っている。それは、*i*「目的語を表す助詞のようなもの」が消えてなくなっていることだ！ 容疑者は、おそらくだが、一気に発見地点に行けば良かったものを、その途中で、*i*「目的語を表す助詞のようなもの」が目に入ってしまい、どうしても、これが欲しくなってしまった。それで、こっそり、その *i* を盗んで、ポケットに隠し、再び、文頭にまで逃走したんだ。容疑者が途中で欲を出さなければ、一気に目的地にまで駆け抜けられたのに、そうでなかったばっかりに、途中で証拠を残してしまった。それが運のつきってやつだな。」と。

　もし、名探偵コナンが正しければ、(2) は、本当は、(4) で示すように、*apa*「何」が一っ飛びに文頭に移動したのではなく、いったん、動詞の後ろに着地し、二段階で移動したのではないかということです。

(4)　apa　　la-alle　　[　]　i Baso?

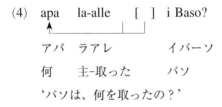

　　　アパ　　ラアレ　　　　　イバーソ

　　　何　　主-取った　　　　バソ

　　'バソは、何を取ったの？'

　もしこの考え方（仮説）が正しければ、セラヤリーズ語では、疑問語 *apa*「何」は、*i*「目的語を表す助詞のようなもの」を目掛けて、こきざみに移動するという性質を持っていることになります。同時に、それをポケットに隠しながら。この考え方が正しければ、セラヤリーズ語では、(3) がだめな文であることがすぐにはっきりします。本当は、*apa*「何」は、できるだけ近い所、つまり、*i* の場所に着地したかったのに、一気に、文頭にまで移動してしまっているからです。それでは、ここで、この仮説を (5) にまとめておきましょう。

(5)　*apa*「何」は、文頭に到着するまでに、*i*「目的語を表す助詞のようなもの」を目掛けて、こきざみに移動する。

では、このこきざみ移動仮説が本当に正しいかどうか確認するために、より複雑な例を見てみましょう。そのために、まず、(6) の埋め込み文が一つある例を見てください。埋め込み文は、[...] で示しています。

(6) la-isseʔ-i　　i Ali　　[lako　la-alle-i　　kanre-njo　i Baso].
　　 ライセイ　　イアーリ　ラコ　ラアレイ　　　カンレンジョ　イバーソ
　　 主-知った-目　アリ　　と　　主-取った-目　食べ物-その　バソ
　　 'アリは、バソがその食べ物を取ったと知った。'

(6) では、主文の動詞 isseʔ「知った」が、lako「と」から始まる埋め込み文を後ろに持っています。(2) より、埋め込み文の分だけ、長くなっています。さて、ここでまた、kanre-njo「その食べ物」を apa「何」に変えて、文の先頭に出して聞きます。すると、(7) のようになります。

(7) apa　　la-isseʔ　　i Ali　　　[la-alle　　[ ]　i Baso]?
　　 アパ　ライセ　　　イアーリ　ラアレ　　　　　　イバーソ
　　 何　　主-知った　アリ　　　主-取った　　　　バソ
　　 'アリは、バソが何を取ったと知ったの？'

(7) では、(6) にあったものがいくつかなくなっています。まず、埋め込み文の動詞 la-alle-i「取った」の i、続いて、埋め込み文の先頭の lako「と」、そして、主文の動詞 la-isseʔ-i「知った」の i です。(5) の仮説が正しいとすると、apa「何」は、文頭に到着するまでに、i「目的語を表す助詞のようなもの」を目掛けて、こきざみに移動するはずですから、(8) のようになることが予測されます。つまり、埋め込み文の先頭の lako「と」は、残ったままであると。

(8) *apa　　la-isseʔ　　i Ali　　　[lako　la-alle　　[ ]　i Baso]?
　　 アパ　ライセ　　　イアーリ　ラコ　ラアレ　　　　　イバーソ
　　 何　　主-知った　アリ　　　と　　主-取った　　　バソ

　　　　　'アリは、バソが何を取ったと知ったの？'

しかし、(8) は、セラヤリーズ語では、正しい疑問文ではありません。
　そうすると、仮説 (5) は、修正が必要であることになります。ここで、アイルランド語の疑問文についての仮説が、役に立ちます。

　(9)　アイルランド語の *cad é*「何」は、文頭に到着するまでに、*gur*「と」を目掛けて、こきざみに移動する。

なるほど、セラヤリーズ語は、単に、*i*「目的語を表す助詞のようなもの」を目掛けて移動するのではなく、アイルランド語の *cad é*「何」のように、埋め込み文の先頭の「と」を目掛けても、移動するということですね。そうであるとすると、(7) は、実は、4段階に分けて、*apa*「何」が進んでいることになります。(10) を見てください。

　(10)　apa　　la-isse?　　i Ali　　[la-alle　　[ ]　i Baso]?
　　　　アパ　　ライセ　　イアーリ　ラアレ　　　　　イバーソ
　　　　何　　主-知った　アリ　　主-取った　　　　　バソ
　　　　'アリは、バソが何を取ったと知ったの？'

つまり、*apa*「何」は、まず、*la-alle-i*「取った」の *i* の場所に行って、それをポケットに入れ、次に、埋め込み文の先頭の *lako*「と」の場所に行って、それをポケットに入れ、さらに、*la-isse?-i*「知った」の *i* の場所に行って、それをポケットに入れ、そして、ようやく、最終地点の文頭にまで行ったということです。かなり、こきざみに動いています。では、これをもとに、仮説 (5) を仮説 (11) のように修正しましょう。

　(11)　*apa*「何」は、文頭に到着するまでに、*i*「目的語を表す助詞のようなもの」と埋め込み文の先頭の「と」を目掛けて、こきざみに移動する。

こうなると、アイルランド語だけでなく、セラヤリーズ語も、「何」に当たるものがこきざみに移動していることが分かってきました。こきざみ移動は、アイルランド語だけに特有な現象ではなかったようです。
　それでは、次の章では、他の言語でも、このようなこきざみ移動が起きているか見てみます。その例として、馴染みの深い、英語の例を見てみます。

20章　英語の「誰」の話

言いたいこと：**英語も、こきざみに動く。**

　前の2章では、アイルランド語もセラヤリーズ語も、疑問語が最終到着地点に移動する前に、こきざみに動いていることを見ました。ここで少し疑問が出てきます。ああ、そう言えば、アイルランド語もセラヤリーズ語も、動詞が先頭に来る言語で、世界でも10％くらいしかない言語だから、やはり、特殊なこきざみ移動をするんじゃないかと。それが本当かどうか確かめるために、この章では、動詞が先頭ではない言語の例として、英語を取り上げ、英語においては、疑問語がこきざみな動きをするかどうか見てみます。

　以下では、例として、主語が疑問語である疑問文を見ていきます。英語は、動詞が主語の後に現れる言語です。ですから、単文は、(1)のような語順になっています。

(1)　John　　saw　　Mary.
　　　ジョン　ソー　メアリー
　　　ジョン　見た　メアリー
　　　'ジョンがメアリーを見た。'

(1)の中のJohn「ジョン」について、いったい誰がメアリーを見たか分からなければ、それを疑問語who「誰」に変えて聞きます。英語では、(2)

のように聞きます。

   (2) Who saw Mary?
       フー　ソー　メアリー
       誰　　見た　メアリー
       '誰がメアリーを見たの？'

英語では、主語について聞く時には、疑問語 who「誰」は、全く移動していません。初めから、文頭にあるので、移動していません。そこで、もう少し複雑な例を見てみます。(3) は、埋め込み文を持つ例です。埋め込み文は、[...] で表されています。

   (3) Susan thought [that John saw Mary].
       スーザン　ソー　　ザァッ　ジョン　ソー　メアリー
       スーザン　思った　と　　　ジョン　見た　メアリー
       'スーザンは、ジョンがメアリーを見たと思った。'

(3) では、主文の動詞 thought「思った」が that「と」で始まる埋め込み文を取っています。

  さて、ここで、(3) の中の John「ジョン」について、いったい誰がメアリーを見たか分からなければ、それを疑問語 who「誰」に変えて聞きます。英語では、(4) のように聞きます。分かりやすいように、もともと who「誰」があった場所に [ ] を置いて、who「誰」が動詞 saw「見た」の主語であったことを示しておきます。

   (4) Who did Susan think [[ ] saw Mary]?
       フー　ディッ　スーザン　スィン　　　ソー　メアリー
       誰　　た　　スーザン　思っ　　　　見た　メアリー
       'スーザンは、誰がメアリーを見たと思ったの？'

(4) は、日本語から見ると、ちょっと不思議な形をしています。「思った」

が think「思っ」と did「た」に分かれています。これは、とても大事なことですが、今は、このミステリーには深く触れずに、別の面白い点に目を向けましょう。それは、こんな点です。(3) では、埋め込み文の先頭に that「と」がありました。ところが、(4) では、それが消えてなくなっています。もし、that「と」が残っていれば、(5) で見るように、英語の疑問文としては、全くおかしな文になってしまいます。

(5) *Who did Susan think [that [ ] saw Mary]?
　　　フー ディッ スーザン スィン ザァッ　　ソー メアリー
　　　誰　た　 スーザン　思っ　と 　　 見た メアリー
　　'スーザンは、誰がメアリーを見たと思ったの？'

あれあれ、またもや、何か、アイルランド語やセラヤリーズ語の疑問文のからくりのような雰囲気になってきました。いったい (4) と (5) で、何が決定的に異なっているかと言えば、(5) では、that「と」が残ったままですが、(4) では、それが、消されているということです。しかし、なぜ、そもそも、that「と」が消えてしまうんでしょうか？ ちょっと申し訳ありませんが、再度、名探偵コナンに登場してもらいます。

　名探偵コナンなら、こんなふうに言うかもしれません。「容疑者 who「誰」が、最初にいた場所 [ ] から、発見地点である文頭に行くまでの間に、全く寄り道をしないで行ったとしたら、どこにも、証拠を残さなかったはずだ。しかし、最初にいた場所 [ ] と発見地点の間に、容疑者が犯してしまったミスの痕跡が、はっきりと残っている。それは、that「と」が消えてなくなっていることだ！ 容疑者は、おそらくだが、一気に発見地点に行くには、体力が残っていなかったんだろう。そこで、いったん、中間地点の that「と」の場所で、休憩をした。ところが、この容疑者は、運が悪かったようだ。そんなところで休憩をしたもんだから、汗をひとしずく落としてしまった。そのおかげで、that「と」が化学反応を起こして、溶けてなくなってしまったんだ。容疑者にもっと体力があれば、一気に目

的地にまで駆け抜けられたのに、そうでなかったばっかりに、中間地点で証拠を残してしまった。それが運のつきってやつだな。」と。

　もし、名探偵コナンが正しければ、(4) は、本当は、(6) で示すように、who「誰」が一っ飛びに移動したのではなく、二段階で移動したのではないかということです。

(6)　Who did　　Susan　　think　[[　]　saw　Mary]?
　　　フー　ディッ　スーザン　スィン　　　　ソー　メアリー
　　　誰　　た　　　スーザン　思っ　　　　　見た　メアリー
　　　'スーザンは、誰がメアリーを見たと思ったの？'

もしこの考え方（仮説）が正しければ、英語では、疑問語 who「誰」は、that「と」を目掛けて、こきざみに移動するという性質を持っていることになります。同時に、that「と」を溶かして消しながら。この考え方が正しければ、英語では、(5) がだめな文であることがすぐにはっきりします。本当は、who「誰」は、できるだけ近い所、つまり、that「と」の場所に着地したかったのに、一気に、文頭にまで移動してしまっているからです。それでは、ここで、who「誰」についての仮説を (7) にまとめておきます。

(7)　who「誰」は、文頭に到着するまでに、that「と」を目掛けて、こきざみに移動する。

それでは、この仮説が本当に正しいかどうか、別の例を見て、確かめてみましょう。これまで、who「誰」が主語である例ばかり見てきました。もし仮説 (7) が正しければ、who「誰」が目的語である例でも、who「誰」が that「と」を目掛けて、こきざみに移動すると予想されます。以下では、who「誰」が目的語である例を見てみましょう。

　まず、(8) の中の Mary「メアリー」について、ジョンがいったい誰を

見たか分からなければ、それを疑問語 who「誰」に変えて聞きます。英語では、(9) のように聞きます。分かりやすいように、もともと who「誰」があった場所に [ ] を置いて、who「誰」が動詞 saw「見た」の目的語であったことを示しておきます。

(8) John　　saw　　Mary.
　　ジョン　ソー　メアリー
　　ジョン　見た　メアリー
　　'ジョンは、メアリーを見た。'

(9) Who　did　　John　see　　[ ]?
　　フー　ディッ　ジョン　スィー
　　誰　　た　　ジョン　見
　　'ジョンは、誰を見たの？'

(9) は、(4) と同じように、日本語から見ると、ちょっと不思議な形をしています。「見た」が see「見」と did「た」に分かれています。再び、このミステリーについては、ここでは深く触れずに、who「誰」が、仮説 (7) が予測するように動いているか、見ていきます。ただし、(9) には、that「と」がないため、仮説 (7) が正しいかどうか確認できません。そこで、that「と」から始まる埋め込み文を持つ例を見てみます。(10) (= (3)) を見てください。

(10) Susan　thought　[that　John　saw　Mary].　(= (3))
　　スーザン　ソー　　ザァット　ジョン　ソー　メアリー
　　スーザン　思った　と　　　　ジョン　見た　メアリー
　　'スーザンは、ジョンがメアリーを見たと思った。'

さて、ここで、(10) の埋め込み文の中の Mary「メアリー」について、ジョンがいったい誰を見たか分からなければ、それを疑問語 who「誰」に

変えて聞きます。英語では、(11) のように聞きます。

(11) Who did Susan think [John saw [ ]]?
フー ディッ スーザン スィン ジョン ソー
誰 た スーザン 思っ ジョン 見た
'スーザンは、ジョンが誰を見たと思ったの？'

おおっ！(10) では、埋め込み文の先頭に that「と」がありました。ところが、(11) では、それが消えてなくなっています。やはり、仮説 (7) は正しく、who「誰」は、文頭に到着するまでに、that「と」を目掛けて、それを消しながら、こきざみに移動するようです。

ところが、驚くことに、実は、(11) のほかに、(12) も英語では可能なのです。

(12) Who did Susan think [that John saw [ ]]?
フー ディッ スーザン スィン ザァッ ジョン ソー
誰 た スーザン 思っ と ジョン 見た
'スーザンは、ジョンが誰を見たと思ったの？'

(12) では、that「と」がしっかり残っています。そうなると、仮説 (7) は、いつも正しいとは限らなくなります。(12) で that「と」が残っているのなら、その場所に、who「誰」がいったん立ち止まって、that「と」に何かしたとは考えられないからです。本当に立ち止まっているなら、that「と」が必ず消えているはずです。そうすると、仮説 (7) は、どうも、who「誰」が主語の時だけ成立し、who「誰」が目的語の時には、成立しないように見えます。そこで、ひとまず、(7) の仮説を (13) に変更したほうが良さそうです。

(13) <u>主語の</u> who「誰」は、文頭に到着するまでに、that「と」を目掛けて、こきざみに移動する。

そうすると、ここでとても面白い疑問が湧いてきます。えっ？ こきざみに移動するのに、移動する人の性格が関係してくるのと。つまり、主語の who「誰」なら、that「と」を消しながらこきざみに移動するが、目的語の who「誰」なら、that「と」が残っているのだから、こきざみに移動しているとは言えないということです。どうして、このような主語と目的語といった性格の違いで、移動する状況が変わってきてしまうんでしょうか？

この大問題は、なかなか簡単には解決できません。そこで、ここでは、このことはとても面白い問題であるとして、記録しておきます。どうぞ、どなたかこの問題に挑戦してみてください。

21章　日本語の「は」の話

言いたいこと：「は」は、環境に敏感な方。

　日本語の「は」という助詞は、なかなか分かっているようで、分からない助詞です。「は」には、大きく二つの意味があります。一つは、話題、もう一つは、比較です。話題とは、その会話の中で、もうすでに、その会話に参加している人たちが、知っているようなことです。具体的には、(1) と (2) で見られるように、単文の先頭に来ます。

　　(1)　たけし君は、『アナログ』という本を　書いた。

　　(2)　『アナログ』という本は、たけし君が、書いた。

(1) では、その文が出てくる直前までの会話の中で、たけし君について、何かすでに話されていて、「たけし君はね」という具合に、文の先頭に出てきています。(2) では、その文が出てくる直前までの会話の中で、『アナログ』という本について、何かすでに話されていて、「『アナログ』という本はね」という具合に、文の先頭に出てきています。
　それに対して、比較は、ちょっと状況が違います。(3) と (4) を見てみましょう。

　　(3)　たけし君が、『アナログ』という本は　書いた。

(4) 『アナログ』という本を、たけし君は、書いた。

(3) では、たけし君が何か本を書いたんですが、それが、他の本ではなくて、『アナログ』という本であると、比較して、少し訂正気味に、話されています。そう言う場合に、「『アナログ』という本」は、比較されていると言います。(4) では、『アナログ』という本を誰かが書いたんですが、それが、他の人ではなくて、たけし君であると、比較して、少し訂正気味に、話されています。この場合も、「たけし君」は、「なおき君」やその他の人と、比較されています。比較の意味を表す時は、「は」を付けて、少し強く読めば、はっきり、その意味が現れてきます。そして、比較の意味は、(3) や (4) のように、文の中に出てくることもあれば、(1) や (2) の例で、「は」を強く読めば、文頭に出てくることもあります。それに対して、話題の「は」は、主に、文頭に出て来ます。話題の「は」は、もう、皆が知っている内容であるので、強く読む必要がありません。強く読めば、話題の意味がなくなり、比較の意味になってしまいます。以下では、主に、話題の「は」に注目して、それは、どこに現れるのか、見ていきます。というのも、比較の「は」は、強くよみさえすれば、どこにでも現れることができるからです。

さて、(1)-(4) の例にもとづいて、話題の「は」は、いったいどこに現れるのか、仮説を立ててみましょう。おそらく、(5) のようになると思います。

(5) 話題の「は」が現れる場所に関する仮説
話題の「は」は、単文の先頭に現れる。

では、この仮説 (5) が本当に正しいかどうか、新たな例を見て、考えてみましょう。まず、(6) と (7) を見てください。

(6) きよし君が、『アナログ』という本は、たけし君が　書いたと思っている。

(7) きよし君が、たけし君は、『アナログ』という本を　書いたと思っている。

(6) と (7) は、(1)-(4) の単文と異なり、埋め込み文を含んでいます。そして、その埋め込み文の先頭に、「は」が付いた名詞が来ています。(6) では、「『アナログ』という本は」、(7) では、「たけし君は」が、全体の文の先頭ではなく、埋め込み文の先頭に来ています。ここで、この二つの「は」が付いた名詞は、話題の意味があるかどうか考えてみましょう。(6) が言われる前の会話で、「『アナログ』という本」について話されていたと考えても、それほどおかしくありません。同様に、(7) が言われる前の会話で、「たけし君」について話されていたと考えても、それほどおかしくありません。そうすると、この二つの名詞は、全体の文の先頭にいなくても、「は」が付くことで、話題となっていると言えます。この「は」を強く読めば、当然、比較の意味が出てきますが、比較の意味は、「は」がついたものが、文のどこにあっても、現れるので、以下では、これについては、触れる必要がありません。

ほかにも、このような例は、あるでしょうか？(8) と (9) を見てください。

(8) きよし君が、『アナログ』という本は、たけし君が　書いたと言った。

(9) きよし君が、たけし君は、『アナログ』という本を　書いたと言った。

(8) と (9) は、主文の動詞を、「言った」にしてあります。この場合でも、(6) と (7) と同じように、(8) では、「『アナログ』という本は」、(9) では、「たけし君は」が、話題となっていると考えて、おかしくありません。

さらに、(10) と (11) の例を見てください。

(10)　きよし君が、『アナログ』という本は、たけし君が　書いたかどうか　知っている。

(11)　きよし君が、たけし君は、『アナログ』という本を　書いたかどうか　知っている。

　(10)と(11)は、主文の動詞を、「知っている」にしてあります。この場合でも、(10)では、「『アナログ』という本は」、(11)では、「たけし君は」が、話題となっていると考えて、おかしくありません。
　さらに、(12)と(13)の例を見てください。

(12)　きよし君が、『アナログ』という本は、誰が、書いたか知っている。

(13)　きよし君が、たけし君は、どの本を　書いたか　知っている。

　(12)と(13)でも、主文の動詞を、「知っている」にしてあります。(10)と(11)との違いは、(12)と(13)の場合には、埋め込み文の中に、「誰」とか「どの」といった疑問語が入っていることです。この場合でも、(12)では、「『アナログ』という本は」、(13)では、「たけし君は」が、話題となっていると考えて、おかしくありません。
　そうすると、(6)-(13)では、話題の「は」は、全体の文の先頭ではなく、埋め込み文の先頭に来ています。これは、仮説(5)では、正しく予測できません。仮説(5)は、話題の「は」は、単文の文頭に現れると言っているからです。そこで、仮説(5)を仮説(14)に変えます。

(14)　話題の「は」が現れる場所に関する仮説
　　　話題の「は」は、単文と、「と」、「かどうか」、「か」で終わる埋め込み文の先頭に現れる。

　続いて、この仮説(14)が本当に正しいかどうか、新たな例を見て、考えてみましょう。まず、(15)と(16)を見てください。

(15) たけし君が書いた本が、今、一番おもしろい。

(16) *たけし君は書いた本が、今、一番おもしろい。

(15) の例は、全く問題なく、正しい日本語の文に聞こえます。しかし、(15) の「たけし君が」を、(16) のように、「たけし君は」に変えた途端、とてもおかしく聞こえます。どう考えても、「たけし君」が、この文の話題になっているとは、感じられません。無理やり、「たけし君」が、他の誰かと、比較されているように聞こえます。

　このことは、仮説 (14) から、予測されることでしょうか？　はい、実は、完全に予測されることです。なぜかというと、(16) で、「たけし君は書いた」は、「本」を修飾する、付け足し文であるからです。付け足し文は、単文ではなく、また、「と」、「かどうか」、「か」で終わる埋め込み文でもありません。したがって、仮説 (14) は、正しく、(16) においては、「たけし君は」は、話題ではないことを予測してくれます。

　続いて、(17) と (18) の例を見てみましょう。

(17) きよし君が、たけし君が来たので、泣いて喜んだ。

(18) *きよし君が、たけし君は来たので、泣いて喜んだ。

(17) の例は、日本語として、全く問題ありません。しかし、(17) の「たけし君が」を、(18) のように、「たけし君は」に変えた途端、とてもおかしく聞こえます。(16) と同様に、「たけし君」が、この文の話題になっているとは、感じられません。無理やり、「たけし君」が、他の誰かと、比較されているように聞こえます。

　さて、(16) の例と同じように、このことは、仮説 (14) から、予測されることでしょうか？　はい、完全に予測されます。(18) で、「たけし君は来たので」は、「泣いて喜んだ」という述語を修飾する、付け足し文であるからです。付け足し文は、単文ではなく、また、「と」、「かどうか」、

「か」で終わる埋め込み文でもありません。したがって、仮説（14）は、正しく、（18）において、「たけし君は」は、話題ではないことを予測してくれます。

　さらに、（19）と（20）の例を見てみましょう。

　（19）　きよし君が、たけし君が来るやいなや、泣いて喜んだ。

　（20）　*きよし君が、たけし君は来るやいなや、泣いて喜んだ。

（19）の例は、日本語として、全く問題ありません。しかし、（19）の「たけし君が」を、（20）のように、「たけし君は」に変えると、とてもおかしく聞こえます。（18）と同様に、「たけし君」が、この文の話題になっているとは、感じられません。無理やり、「たけし君」が、他の誰かと、比較されているように聞こえます。

　このことも、仮説（14）から、正しく予測されることです。（20）で、「たけし君は来るやいなや」は、「泣いて喜んだ」という述語を修飾する、付け足し文であるからです。付け足し文は、単文ではなく、また、「と」、「かどうか」、「か」で終わる埋め込み文でもありません。したがって、仮説（14）は、正しく、（20）において、「たけし君は」は、話題ではないことを予測してくれます。

　そうすると、話題の「は」というのは、自分が出られる場所をよく知っているものだということが分かります。つまり、単文と、「と」、「かどうか」、「か」で終わる埋め込み文の先頭に現れることはできるが、付け足し文の先頭に現れることはできないということをよく知っているのです。(14)の仮説は、別の言い方をすれば、（21）のようになります。

　（21）　話題の「は」が現れる場所に関する仮説
　　　　　話題の「は」は、付け足し文には、現れることができない。

（14）よりも、（21）のほうがシンプルなので、（21）のほうが便利そうで

す。このように、話題の「は」は、自分が出られる環境にとても敏感で、いつも、周りの状況をよく見て、自分の出番を待っているかのようです。

　しかし、不思議なことは、この (21) の仮説、あるいは、日本語の約束について、小学校や中学校で、教えてもらったかということです。教えてもらったことがある方に、私は、これまでの人生で、まだ出会ったことがありません。教えてもらわないのに、なぜ、こんな難しいことを小学生が知っているんでしょうか？　さらに、この仮説を知るためには、文には、単文、埋め込み文、付け足し文の3種類があることも、知っていなければなりません。小学生は、そんな難しいことをいったいいつ身に付けたのでしょうか？　私が知る限り、「埋め込み文」という言葉は、小学生の教科書には、一度も出てきません。とても不思議なことが、小学生の、あるいは、もう少し広げて言うと、人間の頭の中で起きているようです。

22章　脳の中の話

言いたいこと：**脳は、いつも全力じゃない。**

　言葉は、どこで理解されているのでしょうか？　足の裏か？　へその奥か？　わきの下か？　実は、まだ分からないことばかりなので、はっきりとは言えませんが、実験を通して、どうも、その辺じゃないかなということは言えるようです。では、どの辺でしょうか？　おそらく、予測通り、脳です。脳の中の活動は、実は、装置を使うことで見えてきます。

　そこで、この章では、こんな実験をして、こんな結果が出たというのをお知らせします。この本では、「が」とか「の」とか「を」とか、日本語やモンゴル語の助詞の様子を観察してきました。英語には、そのような助詞はありませんが、代名詞というものは、形として、まるで、「が」、「の」、「を」があるかのように見えます。以下に、例として、英語の代名詞を見てみます。

(1)　英語の代名詞の例

    a.　he

       ヒー

       'そいつが'

    b.　his

       ヘェズ

'そいつの'

c. him

ヘェム

'そいつを'

(1a-c) の例は、それぞれ、形が違います。すべて h で始まっていますが、終わりは、すべて異なっています。

さて、どんな実験をしたでしょうか？ まず、実験をする前に、何が知りたいか、はっきりさせます。知りたいことは、これです。英語の「が」、「の」、「を」、つまり、he、his、him は、同じ代名詞と呼ばれるものなのだから、脳の中では、同じ方法で理解されているだろうかということです。簡単に言うと、英語を母語として話す人が、he、his、him を理解しようとする時、その際の脳の活動は、同じだろうかということです。

この問いに取り組むために、こんな実験をしました。15 名のアメリカ出身の英語母語話者（うち、6 名が女性）で、年齢が 20 歳から 26 歳まで（平均 21 歳）の右利きの方々に、脳の活動が撮影できる機械の中に入ってもらい、(2) のような文を見せ、下線で示された部分に、1、2、3 の代名詞（he、his、him）のどれを入れるか考えてもらい、その時の脳の画像を撮影しました。

(2) a. ＿＿ saw Takeshi.

ソー タケシ

見た たけし君

'＿＿ たけし君を見た。'

1. He　2. His　3. Him

b. ＿＿ mother saw Takeshi.

マザー ソー タケシ

母親が 見た たけし君

'＿＿ 母親がたけし君を見た。'

　　　　1. Him　　2. He　　3. His
　　c. Takeshi　　saw　　___.
　　　　タケシ　　　ソー
　　　　たけし君　見た
　　　　'たけし君が___見た。'
　　　　1. his　　2. him　　3. he

(2a-c) の例は、それぞれ、28 文あり、1、2、3 の代名詞(だいめいし)は、毎回、不規則(きそく)に並べました。(2a-c) の例の正解(せいかい)を (3a-c) に示します。

(3) a. He　　saw　Takeshi.
　　　　ヒー　　ソー　タケシ
　　　　そいつ　見た　たけし君
　　　　'そいつがたけし君を見た。'
　　　　①He　　2. His　　3. Him
　　b. His　　mother　saw　Takeshi.
　　　　ヘズ　　マザー　　ソー　タケシ
　　　　そいつ　母親　　　見た　たけし君
　　　　'そいつの母親がたけし君を見た。'
　　　　1. Him　　2. He　　ⓛHis
　　c. Takeshi　saw　him.
　　　　タケシ　　ソー　ヘム
　　　　たけし君　見た　そいつ
　　　　'たけし君がそいつを見た。'
　　　　1. his　　②him　　3. he

さて、得られた結果は、どうなっていたでしょうか？ まず、(2a-c) で、英語の代名詞 he、his、him を下線(かせん)に入れる時に、共通して使っている脳(のう)の場所を見てみましょう。(4) を見てください。

(4) 言葉を理解している時に共通して使っている脳の場所

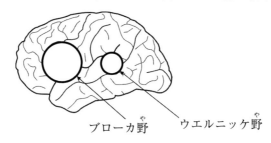

無料脳地図：Pixabay（https://pixabay.com/ja/）

(4)は、脳を左側から見たもので、左脳を表しています。言葉を理解しているときに共通して使っている脳の場所は、左手のブローカ野と右手のウエルニッケ野という場所です。どうも、言葉を理解しようとする時は、脳の左側を使っているようです。

では、いよいよ、英語の代名詞 he、his、him を理解しようとする時、全く同じように脳内で活動が起きているか見てみましょう。実は、これらの3つの代名詞は、1対2で、活動の様子が違うことがわかりました。(5)を見てください。

(5) 脳の使い方が違っている場所

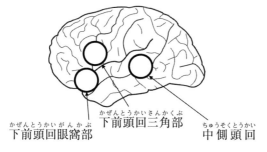

無料脳地図：Pixabay（https://pixabay.com/ja/）

何だか難しい名前が出て来ていますが、これらの○で示した場所では、英語の代名詞 his を理解しようとしている時と英語の代名詞 he と him を

理解しようとしている時では、活動の様子が大きく異なっていることが分かりました。よりはっきり言うと、これらの○で示した場所では、*his* を理解しようとしている時の活動が、*he* と *him* を理解しようとしている時の活動よりも、はるかに活発になっていたのです。脳は、いつも全力じゃないようです。

　この結果から、英語を母語として話す人が、*he*、*his*、*him* を理解しようとする時、その際の脳の活動は、同じだろうかという問いに対する答えは、「同じではない」ということだと分かりました。*he* と *him* は一つの仲間であるが、*his* は、そうではないということです。日本語で言えば、「が」と「を」が仲間で、「の」が仲間ではないということです。

　この調査は、とても不思議なことを教えてくれます。人間の目には同じように見えるものも、脳の中では、同じようには扱われていないということです。そうなると、脳の中の出来事から、今、目の前にあることを、再度考えてみた方がいいよと言われているようです。では、そのアドバイスにしたがって、一体全体、*he* と *him* のグループと *his* は、何が違うのか考えてみましょう。以下のことは、まだ、完全に確かめられたことではありませんが、この問題への最初のステップになるかもしれません。

　おそらく、この2グループの一番大きい違いは、それが現れる場所です。まず、*he* と *him* は、(6) と (7) の例のような場所に現れます。

(6)　He　　　saw　Takeshi.
　　　ヒー　　　ソー　タケシ
　　　そいつ　　見た　たけし君
　　　'そいつがたけし君を見た。'

(7)　Takeshi　　saw　him.
　　　タケシ　　　ソー　ヘェム
　　　たけし君　　見た　そいつ
　　　'たけし君がそいつを見た。'

それに対し、his は、(8) の例のような場所に現れます。

(8) His　　mother　saw　Takeshi.
　　ヘェズ　マザー　ソー　タケシ
　　そいつ　母親　　見た　たけし君
　　'そいつの母親がたけし君を見た。'

どんな違いでしょうか？　まず、(8) から考えます。(8) の文の主語は、何でしょうか？　his mother「そいつの母親」です。そうすると、his「そいつの」は、主語の中に現れるものだということが分かります。また、(8) の語順を少し入れ替えて、(9) を作ってみましょう。

(9) Takeshi　saw　his　　mother.
　　タケシ　　ソー　ヘェズ　マザー
　　たけし君　見た　そいつ　母親
　　'たけし君がそいつの母親を見た。'

(9) の文の目的語は、何でしょうか？　his mother「そいつの母親」です。そうすると、his「そいつの」は、目的語の中に現れるものだということも分かります。まとめると、his「そいつの」は、主語や目的語の中に現れるものだということが分かります。

では、(6) と (7) は、何を教えてくれるでしょうか？　はい、he「そいつ」は、それ自体が、主語です。また、him「そいつ」は、それ自体が目的語です。ここで、はっきりしてきました。his「そいつ」は、主語や目的語の中に現れますが、それ自体は、主語や目的語ではありません。一方、he「そいつ」と him「そいつ」は、それ自体が、それぞれ、主語と目的語です。主語と目的語は、「文」の中に現れます。そして、主語と目的語は、「名詞」です。そうなると、his「そいつ」は、「名詞」の中に現れ、he「そいつ」と him「そいつ」は、「文」の中に現れます。これが、この 2 グループの決定的違いです。つまり、his「そいつ」は、名詞の中に現れ、he「そ

いつ」と him「そいつ」は、文の中に現れ、2グループは、現れる場所が全く違うということです。

　現時点では、この現れる場所が2グループを区別する一番はっきりしたものです。これが本当に脳の中での活動の違いに関わっているかは、まだ分かりません。今後の調査に期待しましょう。

　また、もう一つ、残された調査があります。それは、この調査は、英語の代名詞の he、his、him が脳の中でどのように処理されているかを明らかにしようとしたものですが、英語で得られた結論が、他の言語、例えば、日本語においても、得られるかということです。日本語は、代名詞を使わなくても、「が」、「の」、「を」がはっきり現れる言語なので、英語で行った調査と同じ調査が簡単にできます。さらに、日本語では、もう少し面白い実験もできます。それは、日本語では、「の」が、(10) のように、名詞の中にだけ現れるのではなく、(11b) のように、文の中にも、主語にくっ付いて現れることができるからです。

(10)　たけし君の母親

(11) a.　たけし君が着いた時間
　　 b.　たけし君の着いた時間

英語の代名詞の実験では、(10) のタイプの「の」については調査されましたが、(11b) のタイプの主語の「の」については、英語にそのようなものが存在しないので、調査されていません。今後、これらが脳の観点から調査されれば、また、面白い結果が得られるかもしれません。

23章　人の移動と「の」主語

言いたいこと：パキスタンで何が起きたの？

　これまで、数々の人間の言葉を見てきました。いろいろと違いがあったり、似たところがあったり。でも、現在地球上にいる人間、つまり、ホモサピエンスといわれる人間の種類の歴史を振り返ると、ちょっと不思議な気持ちになります。まだまだ新しい発見が続いているので、今から言うことは、すべてが確定したことではありませんが、だいたい、そうであると仮定して話を進めましょう。現在の人間の種類ホモサピエンスは、どうも、アフリカで誕生したようです。それは、10万年以上前のある時です。そして、そこで暮らしていた人類が、10万年くらい前から、しだいに、アフリカを歩いて抜け出し、アラビア半島を通って、ユーラシア大陸に入り込みました。約7万年前に、現在のシリアやイラクの辺りにたどり着き、そこから、さらに東に行くものと西に行くものがいました。東に行ったものは、約6万年前に、現在の中国辺りにまでたどり着き、また、西に行ったものは、約4.5万年前に、現在のイギリス（連合王国）辺りにまでたどり着いたようです。その様子は、以下の（1）の図に矢印で示してあります。

(1) 人の移動

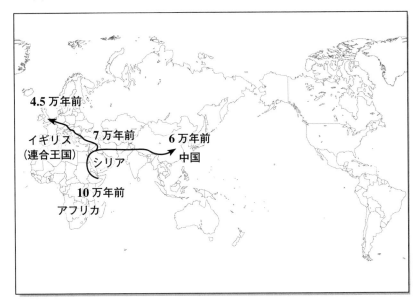

無料白地図：ちびむすドリル小学生 (http://happylilac.net/sy-sekaitizu-s3.html)

　さて、もし、現在の人類が、アフリカでのみ生まれ、そこから世界中に移動したとすれば、ひょっとして、言葉は、もともと、一つだったのではないかと思えるかもしれません。実際、18世紀のイギリス人サー・ウィリアム・ジョーンズ（1746年-1794年）は、1786年のインドのカルカッタの学会で、英語などのヨーロッパ語とインドのサンスクリット語は、とても似ていて、同じ言葉から生まれて来たのではないかと言っています。これは、その後、インド語とヨーロッパ語は、もともと同じ起源を持つと考えられるきっかけとなり、今では、普通に、インド・ヨーロッパ語という言葉が使われています。そうすると、(2)の○で示すように、インド語とヨーロッパ語は、同じ仲間であることになります。

(2) インド・ヨーロッパ語

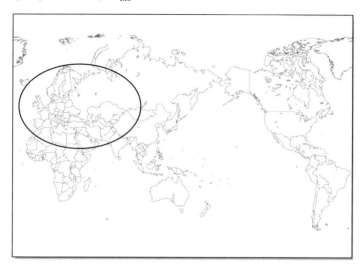

同時に、これまで見てきたように、日本語やモンゴル語は、とても似ていて、仲間のように見えます。そこで、ひとまず、この仲間たちを、アジア語と呼んで、そのだいたいの位置を (3) に示します。

(3) アジア語

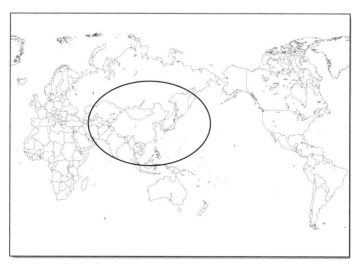

そうすると、インド・ヨーロッパ語とアジア語は、重なる部分が出てきます。(4) を見てください。

(4) インド・ヨーロッパ語とアジア語の重なり部分

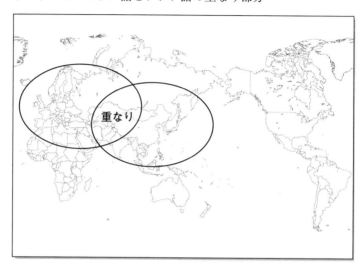

そうなると、インド・ヨーロッパ語とアジア語は、少し重なる部分があり、それじゃあ、インド・ヨーロッパ語とアジア語は、部分的に同じような性質を持っているのではないかと思えてきます。本当にそんなことがあるんでしょうか？

以下では、インド・ヨーロッパ語に、アジア語に特有の性質があるかどうか見てみます。本当にそういうことがあるなら、インド・ヨーロッパ語とアジア語がちょっと親戚のような関係になってきます。

アジア語の特徴の一つは、この本でずっと見てきた、「の」主語です。「の」主語は、関係節の中に出てきます。再度、日本語、モンゴル語、延辺語の例を以下に示します。

(5) 日本語
　　　[たけし君の書いた] 本

(6) モンゴル語

[Ulaɣan-u biči-gsen] nom
ウラーネ　　ビチグセン　　　　ノム
ウラーン-の　書い-た（連体形）　本
'ウラーンの書いた本'

(7) 延辺語（韓国語の親戚）

[Ecey nu-ki mantun] lyoli-ka ceyil masiss-ess-ni?
オゼ　ヌギ　マンドゥン　　　リョリガ　チェイル　マッシッソンニ
昨日　誰-の　作った（連体形）　料理-が　一番　　おいしかった-の
'昨日誰の作った料理が、一番おいしかったの？'

では、インド・ヨーロッパ語の一つの英語はどうでしょうか？

(8) 英語

the　book　[he　　wrote]
ザ　　ブッ　ヒー　ゥロウ
その　本　　そいつ　書いた
'そいつが書いた本'

(8) では、関係節の主語は、he「そいつ」で、これは、「そいつが」という意味です。もし、his「そいつの」に変えたら、その文は、全く誤った文になってしまいます。

(9) 英語

*the　book　[his　　wrote]
ザ　　ブッ　ヘェズ　ゥロウ
その　本　　そいつ　書いた
'そいつの書いた本'

となると、インド・ヨーロッパ語とアジア語は、関係がなさそうに思えて

きます。

　しかし、ここで別のインド・ヨーロッパ語のウルドゥ語を見てみましょう。パキスタンで話されている言葉です。

(10)　Jo　　kitab　　[John-ne　　kal　　khareedi]　　buhut　　dilchasp　　hai.
　　　ジョ　キタブ　ジョンネ　　　カル　ハレーディ　　ボホット　デルチャス　ヘェ
　　　その　本　　　[ジョン-が　昨日　買った]　　　　とても　面白い　　　です
　　　'ジョンが昨日買った本は、とても面白いです。'

(10)では、英語と同じように、kitab「本」が先に来て、その後ろに、それを修飾する関係節「ジョンが昨日買った」が続きます。この関係節の中では、John-ne「ジョン-が」が出てきています。これは、「の」主語ではありません。

　しかし、ウルドゥ語では、(10)のほかに、(11)も許されます。

(11)　[Kal　John-ki　khareedi-hui]　kitab　buhut　dilchasp　hai.
　　　カル　ジョンキ　ハレーディフイ　　キタブ　ボホット　デルチャス　ヘェ
　　　[昨日　ジョン-の　買った-連体形]　本　　とても　面白い　　です
　　　'昨日ジョンの買った本は、とても面白いです。'
　＝'ジョンが昨日買った本は、とても面白いです。'

(11)では、日本語と同じように、関係節が先にきて、その後ろに、修飾される kitab「本」が来ます。そして、重要なことは、この関係節の中では、John-ki「ジョン-の」が出てきていることです。これは、まさに、「の」主語です。

　そうすると、インド・ヨーロッパ語とアジア語は、(12)で示されるように、この本でずっと見てきた「の」主語で繋がることになります。

(12)　インド・ヨーロッパ語とアジア語の繋がり＝「の主語」

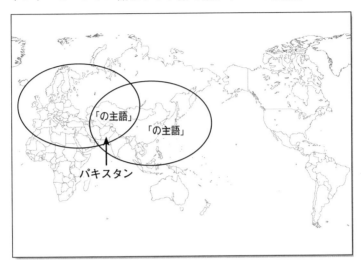

　もちろん、インド・ヨーロッパ語とアジア語の共通点が、「の」主語があるということだけでは、この二つの言語は、親戚であるとは断言できません。しかし、ヨーロッパ語では、「の」主語が関係節の中に現れることはありません。そして、アジア語では、「の」主語が関係節の中に現れることは、一般的です。そして、最も大切なことは、地理的にヨーロッパ語とアジア語の間にあるインド・ヨーロッパ語のウルドゥ語においては、「の」主語が可能であるということです。この事実をもとに、人間が、アフリカを出発して、東方向に行く際に、現在のパキスタン辺りで、何か不思議な変化が起きて、そこで、「の」主語というものが現れ始め、そして、その後、モンゴル語や日本語などのアジア語で一般的になっていったという仮説を立てても、それほど的外れではないかもしれません。

　さて、「の」主語の始まりが、本当にパキスタン辺りであると考えていいでしょうか？　それを確認するために、その西隣のイランで話されているペルシア語の関係節を見てみましょう。ペルシア語も、ウルドゥ語と同じく、インド・ヨーロッパ語です。(13)で見るように、ペルシア語の基

本語順は、日本語同様、主語-目的語-動詞です。

(13) Kimea　ketab-ro　xund.
　　　キミア　ケターブロ　フーン
　　　キミア　本-その　　読んだ
　　　'キミアが　その本を　読んだ．'

続いて、ペルシア語の関係節を見てみましょう。ペルシア語の関係節は、英語と同じように、修飾される名詞の右側に来ています。

(14) mard-i　　ke　[Kimea　did]
　　　マルディ　ケ　キミア　ディッ
　　　人-その　　　　キミア　見た
　　　'キミアが見た人'

そして、関係節の中では、「の」主語が現れることができません。(14)では、Kimea「キミア」は、「キミアが」という意味で、「キミアの」という意味にはなりません。というのも、(15)が示すように、

(15) gorbe-ye　　Kimea
　　　ゴルベイエ　キミア
　　　猫-の　　　キミア
　　　'キミアの猫'

ペルシア語で「キミアの猫」と言いたい場合、「の」-ye は、「キミア」に付かずに、その前にある「猫」に付いてしまうからです。ですから、(14)では、「キミア」に「の」が付くことができません。したがって、ペルシア語では、「の」主語がありません。

　このことから、「の」主語が現れ始めたのは、イランを超え、パキスタン辺りからではないかと考えても、それほど的外れではないかもしれません。では、パキスタン辺りでいったい何が起きたんでしょう？　それは、

現時点では、全く分かりません。今後の調査に期待しましょう。

　まだまだ、この「インド・ヨーロッパ語アジア語親戚説」は、慎重な検証が必要ですが、人間がアフリカで最初に生まれ、そこから地球の他の場所に移動したとすると、一つのおもしろい仮説であるように見えます。

24章　言語学に触れると

言いたいこと：**教わっていないのに知っていることがある。**

　これまで、いろいろな言葉のいろいろな現象を見てきました。言葉の中の現象を調査するのが、言語学です。この言語学、もうお気付きかもしれませんが、とても不思議なことに付きまとわれています。それは、言葉の現象の中には、家や学校で教わったことが一度もないのに、どういうわけか、知っていると思えることがたくさんあるということです。

　日本語の例を二つ見てみます。まず第一に、日本語の疑問文です。疑問文には、「はい」か「いいえ」で答えるものと「誰が」や「何を」や「なぜ」といった疑問語が入っているものがあります。以下では、疑問語が入っている例を見ていきます。まず、(1)–(3) は、すべて正しい疑問文です。

(1)　誰が　その本を　買いましたか？

(2)　きよし君は　何を　買いましたか？

(3)　きよし君は　なぜ　その本を　買いましたか？

(1)–(3) は、(4)–(6) のように答えられます。

(5)　きよし君です。

(6)　『アナログ』という本です。

(7) みんなが読んでいたからです。

　さて、日本語では、一度に二つのことを聞くこともできます。(8) を見てください。

(8) 誰が　何を　買いましたか？

(8) は、正しい疑問文で、(9) のように答えられます。

(9) きよし君が　『アナログ』という本です。

あるいは、(10) のように答えてもいいです。

(10) きよし君が　『アナログ』という本を買いました。

また、(11) も、一度に二つのことを聞くことができます。

(11) 誰が　なぜ　その本を　買いましたか？

(11) は、正しい疑問文で、(12) のように答えられます。

(12) きよし君が　みんなが読んでいたからです。

あるいは、(13) のように答えてもいいです。

(13) きよし君が　みんなが読んでいたから　その本を　買いました。

これらのことから、日本語では、一つの文に、二つの疑問語があっても、問題なさそうです。では、それを胸に、(14) の例を見てみましょう。

(14) *きよし君は　なぜ　何を　買いましたか？

初めてこれを聞くと、突然、何を質問されているか、よく分からなくなる人が多いようです。とくに、NHK で話されている日本語を使っている人には、よく分からないようです。ところが、ちょっと順番を変えてみる

と、(14) は、理解できるようになります。

 (15) きよし君は　何を　なぜ　買いましたか？

(15) は、正しい疑問文で、(16) のように答えられます。

 (16) 『アナログ』という本を　みんなが読んでいたからです。

あるいは、(17) のように答えてもいいです。

 (17) きよし君は　『アナログ』という本を　みんなが読んでいたから買いました。

　ここで、本当に困る疑問が出てきます。日本語では、「なぜ」という疑問語を使って質問できます。そうでないと、人生で、一度も、理由を尋ねられないことになってしまいます。また、「なぜ」は、「誰が」や「何を」という疑問語と一緒に現れることもできます。しかし、「なぜ」が「何を」より前に来ると、突然、よく分からない質問になってしまいます。

　さて、ここで問題です。このことは、小学校や中学校で教わったでしょうか？ また、学校で教わらなくても、家で、家族の誰かに、教わったでしょうか？ そんなことは、ないはずです。少なくとも、小学校と中学校の教科書には、これについて、一言も触れられていません。また、日本語を話すご家庭で、このことが食卓で話題になるようなご家庭は、稀にあるとしても、ほぼありません。

　使われている単語は、それぞれ、あまりにもありふれたものであるので、これらについてわざわざ教わるということはほぼなかったはずなのに、なぜ、ある場合は、よくて、ある場合は、だめであるということが、見た瞬間に分かるんでしょうか？ この状況を論理的に言えば、「教わっていないのに、知っていることがある」ということになってしまいます。これは、本当に、いったい何を意味しているんでしょうか？

　次に、日本語の「は」について見てみましょう。21 章で、話題の「は」

の分布について見ました。それは、(18) のようなものでした。

 (18) 話題の「は」が現れる場所に関する仮説
   話題の「は」は、付け足し文には、現れることができない。

(18) は、話題の「は」は、単文や埋め込み文に現れることができるが、付け足し文には現れることができないことを意味しています。では、具体例を見てみましょう。(19) は、単文、(20) は、埋め込み文、そして、(21) は、付け足し文の中に、話題の「は」が入っています。これらの3種類の文は、[...] で示されています。

 (19) [たけし君は 『アナログ』という本を 書いた]。

 (20) きよし君が、[たけし君は 『アナログ』という本を 書いたと]思っている。

 (21) *[たけし君は 書いた] 本が、今、一番おもしろい。

(19)-(21) の例で、話題の「は」は、3種類の文において、それぞれ、文の先頭にあります。しかしながら、(21) だけ、とてもおかしく聞こえます。

 さて、再びここで問題です。このこと、つまり、(21) だけおかしいということは、小学校や中学校で教わったでしょうか？ また、学校で教わらなくても、家で、家族の誰かに、教わったでしょうか？ そんなことは、ないはずです。少なくとも、小学校と中学校の教科書には、これについて、一言も触れられていません。にもかかわらず、なぜ、ある場合は、よくて、ある場合は、だめであるということが、見た瞬間に分かるんでしょうか？ この状況を論理的に言えば、再び、「教わっていないのに、知っていることがある」ということになってしまいます。これは、本当に、いったい何を意味しているんでしょうか？

 論理的に考えれば、答えは、このようなものになります。「生まれなが

らに、知っていることがある。」誰にも教わっていないのだから、生まれながらに何らかのことを知っているということになります。一見すると、とても奇妙なことですが、言語学は、この「生まれながらに、知っていること」は、いったいどんなことなのか、そして、それらの性質は、どのようなものなのかということを探っていく分野です。時には、日本語母語話者に、これまで聞いたことがない日本語の文を見せて、どんな判断をするか確かめたり、時には、英語母語話者に装置の中に入ってもらって、脳内の活動を調べたり。言語学は、こんなことをしながら、人間の性質をちょっとずつ探っていこうという分野です。

主要参考文献

本当は、各章、複数の論文や本を参考に書いていますが、分かりやすくするために、最も重要だと思われるものを一つだけ選んで、以下に示しました。

1章 デカルト『方法序説』谷川多佳子（翻訳）(1997) 岩波書店，東京．

2章 牧秀樹 (2017) 授業（岐阜大学地域科学部）

3章 Maki, Hideki, Lina Bao and Megumi Hasebe (2015) *Essays on Mongolian Syntax*, Kaitakusha, Tokyo.

4章 Harada, S.-H. (1971) "*Ga-No* Conversion and Ideolectal Variations in Japanese," *Gengo Kenkyu* 60, 25-38.

5章 Maeda, Masako and Hideki Maki (2014) "Where the Nagasaki Japanese Stands," *The 7th Formal Approaches to Japanese Linguistics*, National Institute for Japanese Language and Linguistics, June 27, 2014.

6章 Maki, Hideki, Lina Bao, Wurigumula Bao and Megumi Hasebe (2016) "Scrambling and Genitive Subjects in Mongolian," *English Linguistics* 33, 1-35.

7章 Maki, Hideki and Amanullah Bhutto (2013) "Genitive Subject Licensing in Modern Urdu," *English Linguistics* 30, 191-203.

8章 Maki, Hideki, Kenichi Goto and Mohammed Joynal Abedin (2008) "On the Distribution of Nominative and Genitive Case in Modern Bengali," Handbook of *the 137th Meeting of the Linguistic Society of Japan*, 286-291.

9章 Maki, Hideki, Megumi Hasebe, Lina Bao, Michael Sevier, Ling-Yun Fan and Shogo Tokugawa (2016) "Why Japanese and Korean Differ in the Behavior of Genitive Subjects," *Japanese/Korean Linguistics Volume 23*, ed. by Theodore Levin, Ryo Masuda and Michael Kenstowicz, 133-146, CSLI Publications, Stanford.

10章 Jin, Yin-Ji and Hideki Maki (2013) "The Genitive Subject in the Yanbian Variety of Korean: A Visual Analogue Scale Analysis," *MIT Working Papers in Linguistics #67: Proceedings of the 8th Workshop on Altaic Formal Linguistics* (*WAFL8*), ed. by Umut Özge, 153-158,

MITWPL, Cambridge, MA.
11章 Maki, Hideki, Ling-Yun Fan and Can Wang (2015) "Does Modern Chinese Allow Genitive Subjects?" *English Linguistics* 32, 59-77.
12章 Gao, Yong-Xin, Megumi Hasebe, Ying Bi, Can Wang, Wen-Qi Ren, Chun-Zhu Huo, Michael Sevier and Hideki Maki (2016) "On the Particle *Zhi* in Old Chinese," Handbook of *the 152nd Meeting of the Linguistic Society of Japan*, 20-25.
13章 牧秀樹 (2016) 講演 (岐阜県立岐山高等学校)
14章 山田昌裕 (2010) 『格助詞「ガ」の通時的研究』ひつじ書房, 東京.
15章 Fukui, Naoki (1988) "Deriving the Differences Between English and Japanese: A Case Study in Parametric Syntax," *English Linguistics* 5, 249-270.
16章 McCloskey, James (1979) *Transformational Syntax and Model Theoretic Semantics: A Case Study in Modern Irish*, Reidel, Dordrecht.
17章 Finer, Daniel (1997) "Constraining A'-Dependencies in Selayarese," *Natural Language and Linguistic Theory* 15, 677-728.
18章 McCloskey, James (2002) "Resumption, Successive Cyclicity, and the Locality of Operations," *Derivation and Explanation in the Minimalist Program*, ed. by Samuel David Epstein and T. Daniel Seely, 184-226, Blackwell, Malden, Mass.
19章 Finer, Daniel (1997) "Constraining A'-Dependencies in Selayarese," *Natural Language and Linguistic Theory* 15, 677-728.
20章 Perlmutter, David (1971) *Deep and Surface Structure Constraints in Syntax*, Holt, Rinehart and Winston, New York.
21章 Maki, Hideki, Lizanne Kaiser and Masao Ochi (1999) "Embedded Topicalization in English and Japanese," *Lingua* 109, 1-14.
22章 Yokoyama, Satoru, Hideki Maki, Yosuke Hashimoto, Masahiko Toma and Ryuta Kawashima (2012) "Mechanism of Case Processing in the Brain: An fMRI Study," *PLoS ONE* 7(7): e40474. doi:10.1371
23章 牧秀樹 (2017) 講演 (愛知県立西尾東高等学校)
24章 Chomsky, Noam (1986) *Knowledge of Language*, Praeger, New York.

索引
<small>さくいん</small>

アイルランド語	111, 114, 119-121, 123, 124, 129, 130, 132, 134-136, 138-140, 143-145, 147
インド・ヨーロッパ語	44, 50, 111, 167-172, 174
ウエルニッケ野	162
ウルドゥ語	44-46, 48, 50, 52, 53, 55, 57-60, 66, 68, 171, 172
延辺語	61-67, 169, 170
凡河内躬恒	21
小倉百人一首	19, 20
落窪物語	29, 85
韓国語	54-58, 60-63, 66, 67, 110, 170
間接目的語	7, 126, 127
疑問語	95, 130, 132, 134, 136, 139-141, 145, 146, 148, 149, 175-177
疑問助詞	41, 43
ケルト語	111
ゲルマン語	111
源氏物語	28-30, 38, 84, 85, 92, 95, 96
古今和歌集	21
古代中国語	78-81, 84-86
サー・ウィリアム・ジョーンズ	167
サンスクリット語	167
指示形容詞	96, 97, 99
指示代名詞	96, 97
崇徳院	20, 21

セラヤリーズ語	120-124, 129, 138-141, 143-145, 147
線対称	108
祖先朝鮮語	63
対格言語	120-122
竹取物語	28, 30, 38, 84
中国語	68-74, 76-78, 81, 84, 86
朝鮮語	61-63
直接目的語	7, 126, 127
デカルト	1, 3
天智天皇	19, 20
土佐日記	29, 38, 85
長崎日本語	26-31
能格言語	120, 122
「の」残し	60, 65-67
ブローカ野	162
ペルシア語	172, 173
ベンガル語	50-53, 55, 57-60, 66, 68
枕草子	29
紫式部	92, 94, 95, 97, 99
目的語	3-10, 16, 18, 27, 28, 40, 42-44, 50, 54, 68, 73, 100, 101, 113-119, 121, 122, 124-128, 130, 131, 139-143, 148-151, 164, 173
モンゴル語	9, 16, 18, 19, 21, 22, 25, 32, 34-37, 39-43, 45, 46, 51, 53, 55, 58, 60, 61, 63, 66, 68, 74, 76

著者紹介

牧　秀樹　（まき　ひでき）

岐阜大学地域科学部教授。1995 年にコネチカット大学にて博士号（言語学）を取得。研究対象は、言語学と英語教育。

主な著書・論文：*Essays on Irish Syntax* (Dónall P. Ó Baoill 氏と共著、2011 年、開拓社)、*Essays on Mongolian Syntax* (Lina Bao、Megumi Hasebe 氏と共著、2015 年、開拓社)、*Essays on Irish Syntax II* (Dónall P. Ó Baoill 氏と共著、2017 年、開拓社)、「The Minimal English Test（最小英語テスト）の有用性」(長谷川信子編『日本の英語教育の今、そして、これから』2013 年、開拓社)、『The Minimal English Test（最小英語テスト）研究』(2018 年、開拓社)、など。

誰でも言語学
　　だれ　　げんごがく

ⓒ 2019 Hideki Maki
ISBN978-4-7589-2271-5　C0080

著作者	牧　秀樹
発行者	武村哲司
印刷所	日之出印刷株式会社

2019 年 4 月 19 日　第 1 版第 1 刷発行

発行所　株式会社　開拓社
〒 113-0023　東京都文京区向丘 1-5-2
電話　(03) 5842-8900（代表）
振替　00160-8-39587
http://www.kaitakusha.co.jp

JCOPY　<出版者著作権管理機構　委託出版物>

本書の無断複製は、著作権法上での例外を除き禁じられています。複製される場合は、そのつど事前に、出版者著作権管理機構（電話 03-3513-6969、FAX 03-3513-6979、e-mail: info@jcopy.or.jp）の許諾を得てください。